砂漠に転がっていた劣化ウラン弾
（イラク・クウェート国境非武装地帯）

戦車の残骸から部品を集めるベドウィン（イラク・クウェート国境非武装地帯）

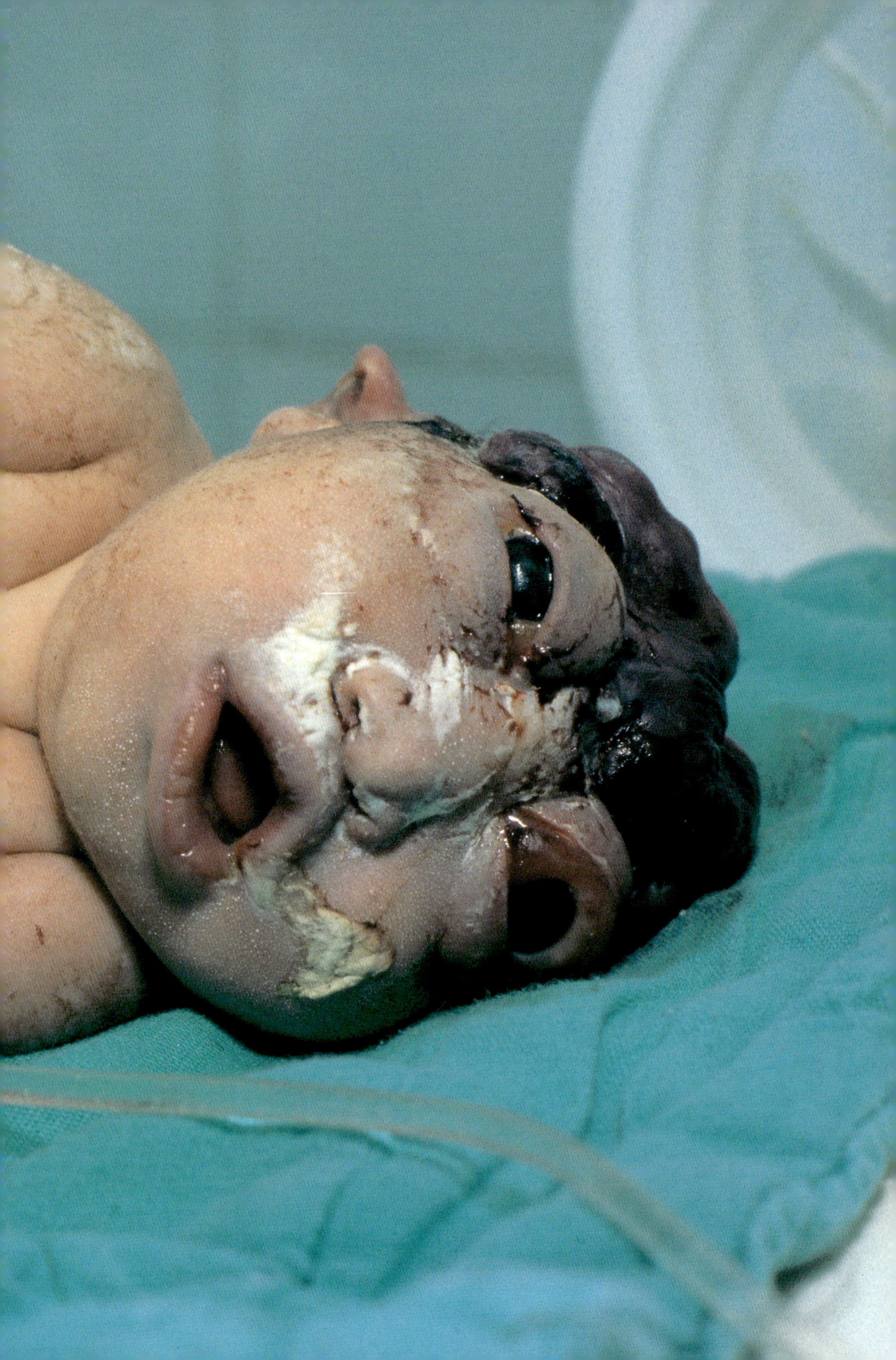

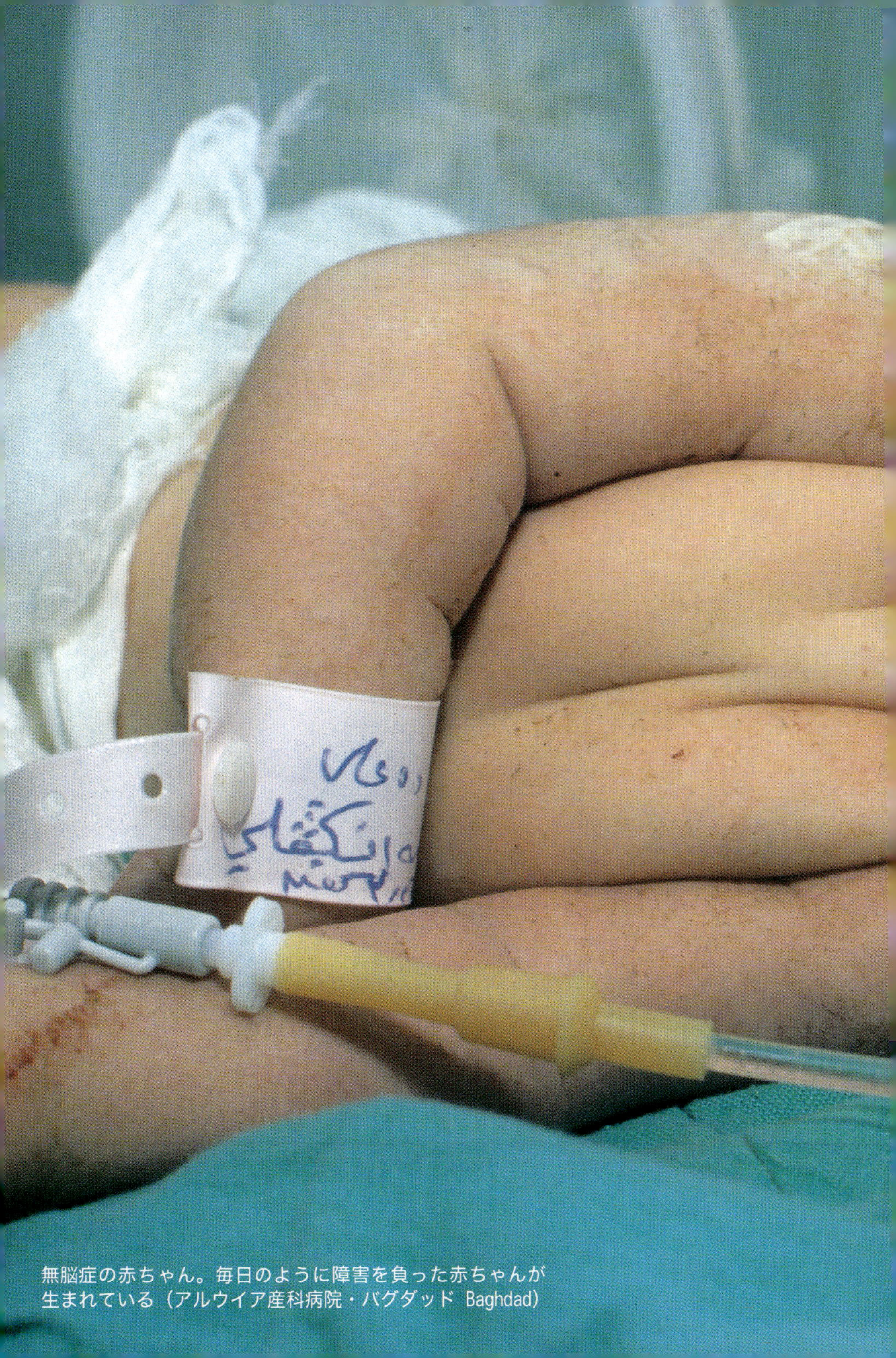

無脳症の赤ちゃん。毎日のように障害を負った赤ちゃんが
生まれている（アルウイア産科病院・バグダッド Baghdad）

ユーフラテス川で漁をする少年（イラク南部）

イラク・クウェート国境非武装地帯のトマト農家

子ども専用の墓地（バスラ Basurah）

イラク
湾岸戦争の子どもたち

Children of the Gulf War

劣化ウラン弾は何をもたらしたか

【写真・文】
森住 卓
Morizumi Takashi

高文研

一九九〇年八月二日、イラク軍が隣国クウェートに侵攻、またたくまに占領した。国連安全保障理事会は直ちにイラク非難決議をあげ、イラク軍の撤収を迫る。アメリカは空母をペルシャ湾に急行させるとともに、同盟諸国に対しイラクへの武力制裁を呼びかけた。

以後、半年をかけて、アメリカ軍を主体とする多国籍軍がペルシャ湾岸に集結、イラク攻撃を準備する。

翌九一年一月一七日、多国籍軍はイラク攻撃の火ぶたを切った。湾岸戦争の開始である。イラク軍は、アラブ諸国の中でも群をぬいた戦力を誇っていた。しかし、軍事超大国アメリカを中心とする多国籍軍の前に、イラク軍はほとんどなすところなく敗退した。戦争は多国籍軍の一方的な攻撃に終始し、わずか四三日間で終わった。

それから一一年、イラク・クウェート国境の砂漠地帯には、破壊されたイラク軍の戦車が今なお放置されている。

クウェート侵攻以来、イラクは国連のきびしい経済制裁下に置かれた。多くの物資を外国からの輸入に頼っているイラクの経済活動は麻痺し、国民生活は疲弊した。わけても最大の犠牲者となったのは、子どもたちだった。首都バグダッドの大病院でも、薬局の棚から医薬品が消

え、医療機器も故障したままだ。下痢や風邪でさえ、慢性的な栄養失調状態にある子どもたちにとっては死に直結する。

特に注目されるのが、白血病や癌による死亡者の急増だ。激戦地となった南部の都市バスラ市内の癌による死亡者数は、戦前の一九八八年には三四人にすぎなかったのが、戦後五年目の九六年には二一九人と激増、以後も年々ふえつづけ、二〇〇〇年には五八六人（一七倍！）に達したという。

ではなぜ、癌による死者が激増したのか？

原因は、多国籍軍が多用した劣化ウラン弾によるとの疑いが限りなく強い。核兵器や原発の核燃料製造の副産物として生じる劣化ウランは、核分裂を起こすウラン235の含有比率が低下したとはいえ、まぎれもなく放射性物質だ。

この劣化ウランを利用した砲弾・機銃弾は、湾岸戦争で初めて使用された。「バスラでの使用総量は推定三〇〇トンで、広島に落とされた原爆の五千倍、長崎の原爆に換算すると三万倍の放射能原子がペルシャ湾岸地方にばらまかれた」（矢ヶ崎克馬琉球大教授）という。その結果の白血病や癌患者の激増だったのだ。

湾岸戦争は、ミサイル・トマホークをはじめハイテク兵器の戦争といわれたが、同時に新たな〝核戦争〟でもあったのである。

チグリス川とユーフラテス川にはさまれた地域を、メソポタミアという。文明発祥の地の一つとして知られる。先行文明を引き継いで、紀元前19世紀以降、ここにバビロン王国が栄えた。ハムラビ法典を生んだ文明である。現在のイラクは、このメソポタミアにほぼ重なる。

現在の国名はイラク共和国。1932年、イギリスの委任統治領から独立、58年に王制から共和制に移行した。国土面積は43万５千平方キロメートル、日本の約1.2倍になる。人口は２千百万人。言語はアラビア語を中心に、クルド語、アッシリア語、アルメニア語なども使われている。宗教は圧倒的にイスラム教が占める（全体で97%。うちシーア派が60〜65%、スンニ派が32〜37%）。通貨はイラク・ディナールが用いられている（為替レートは2001年12月現在で１ドル＝1770イラク・ディナール）。

有数の産油国であり、石油を財源に近代化をすすめてきたが、1990年８月のクウェート侵攻以後、国連の経済制裁により石油の輸出をきびしく制限され、経済は破綻、国民生活は疲弊度を深めている。

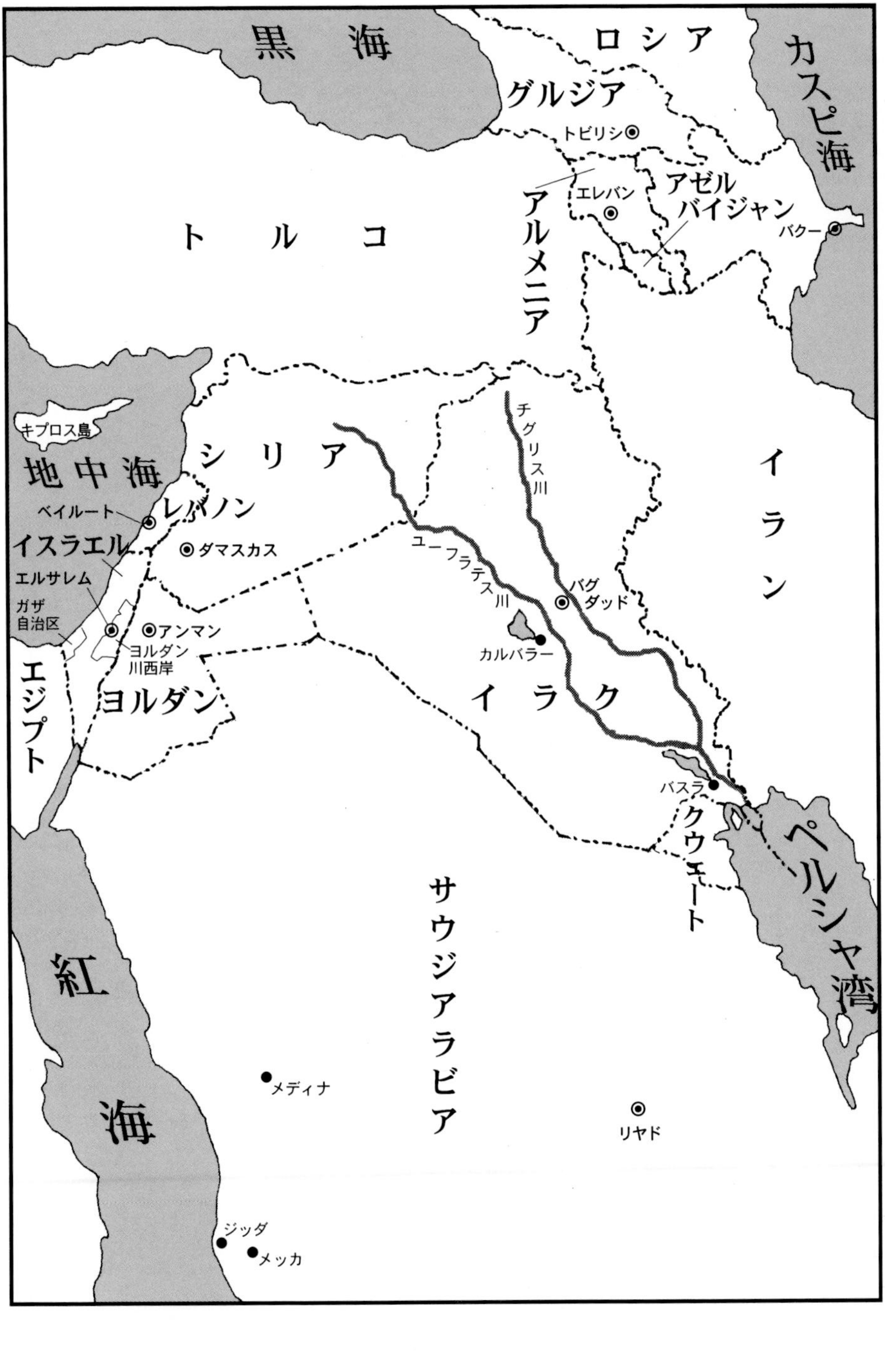
黒海
ロシア
カスピ海
グルジア
トビリシ
アルメニア
エレバン
アゼルバイジャン
バクー
トルコ
キプロス島
地中海
シリア
レバノン
ベイルート
ダマスカス
イスラエル
エルサレム
ガザ自治区
アンマン
ヨルダン川西岸
ヨルダン
エジプト
チグリス川
ユーフラテス川
バグダッド
カルバラー
イラン
イラク
バスラ
クウェート
ペルシャ湾
サウジアラビア
紅海
メディナ
リヤド
ジッダ
メッカ

✣——もくじ

装丁／商業デザインセンター・松田　礼一

I　湾岸戦争から10年

カフェの少年（カルバラ Karbala）

イスラムシーア派のメッカと呼ばれているカルバラ（Karbala）のモスク

アイスクリーム売りの少年（バスラ Basrah）

ラナル（12）は弟と一緒にひまわりの種を売っていた。姉弟は学校に行っていない（バスラ Basrah）

金属をヤスリ掛けするハッサン（13）の手先の動きには無駄が無く、熟練の美しさがあった（バグダッド Baghdad）

小さな鉄工所や金属加工の工場が集まったカズミア地区。みな生き生きと働いていた（バグダッド Baghdad）

7UP

カズミア地区の裏道、経済制裁で輸入できない金属部品も
ここで代用のものが生産されている(バグダッド Baghdad)

サダムシティーの子どもたち（バグダッド Baghdad）

早朝、ゴミを集め金目のものをバザールに売りに行く（バグダッド Baghdad）

サダムシティー（バグダッド Baghdad)

サフワンから南に行くとクウェート国境にぶつかる。イラク最南端の村があった。ここは非武装地帯の中だ。200〜300メートル向こうのぼやけて見える土手の向こうはクウェートだ。

羊を放牧していたベドウィンの少女。足の5本ある羊や頭のない羊が生まれることもある（イラク・クウェート国境非武装地帯）

国境脇で農業を営む農民。（イラク・クウェート国境非武装地帯）

米軍の攻撃で破壊された油田（イラク南部ルメイラ油田 Rumaira oil field）

情報省のガイドも祈りの時間になるとメッカに向かって祈りを始めた（イラク・クウェート国境非武装地帯）

ベドウィン。戦車の下に潜って金目の部品を外していた（イラク・クウェート国境非武装地帯 DMZ）

劣化ウラン弾で破壊された戦車（イラク・クウェート国境非武装地帯）

砂漠に転がる劣化ウラン弾は通常の百倍から三百倍の放射線を出していた（イラク・クウェート国境非武装地帯）

保健省の原子力調査機関から同行した研究者（イラク・クウェート国境非武装地帯）

戦車の下を掘り、金目の部品を外していたベドウィン（イラク・クウェート国境非武装地帯）

アメリヤシェルター。一九九一年二月一三日巡航ミサイルで攻撃された。ここに避難していた四〇〇人以上の市民が犠牲になった（バクダッド Baghdad）

多くの市民が犠牲になったアメリヤシェルターは戦争被害
を記録するため保存されている。（バクダッド Baghdad）

ユーフラテス川に架かるアルクルナ橋は1991年１月の空爆で破壊された（イラク南部）

真向かいにある郵便局が攻撃目標だったがアパートも一緒に爆撃された（バスラ Basrah）

爆撃された民家で子どもたちが遊んでいた（バスラ Basrah）

子ども専用の墓地（バスラ Basrah）

II　小児病院白血病専門病棟

マンスール小児病院・白血病専門病棟（バグダッド Baghdad）

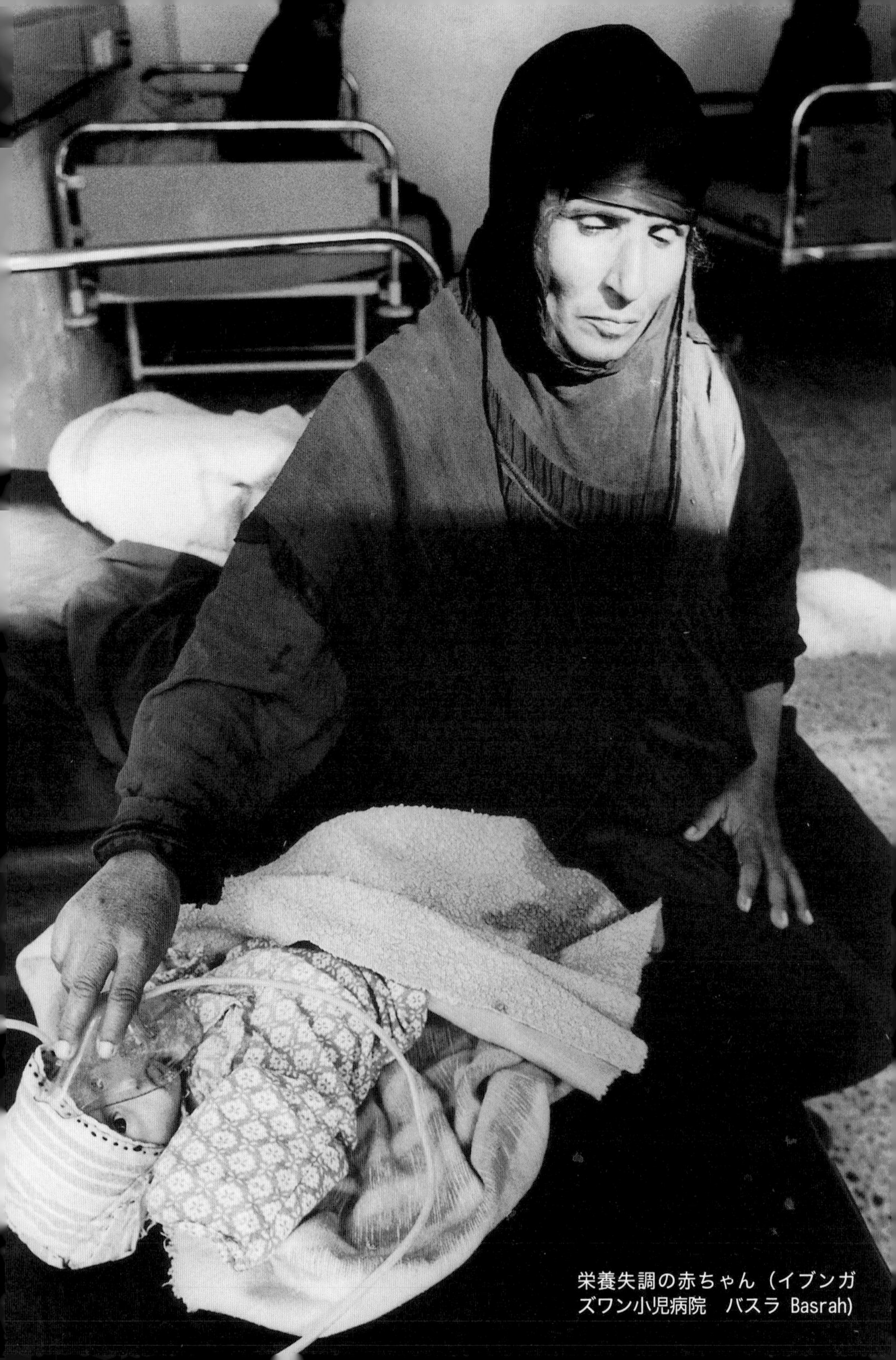

栄養失調の赤ちゃん（イブンガズワン小児病院　バスラ Basrah)

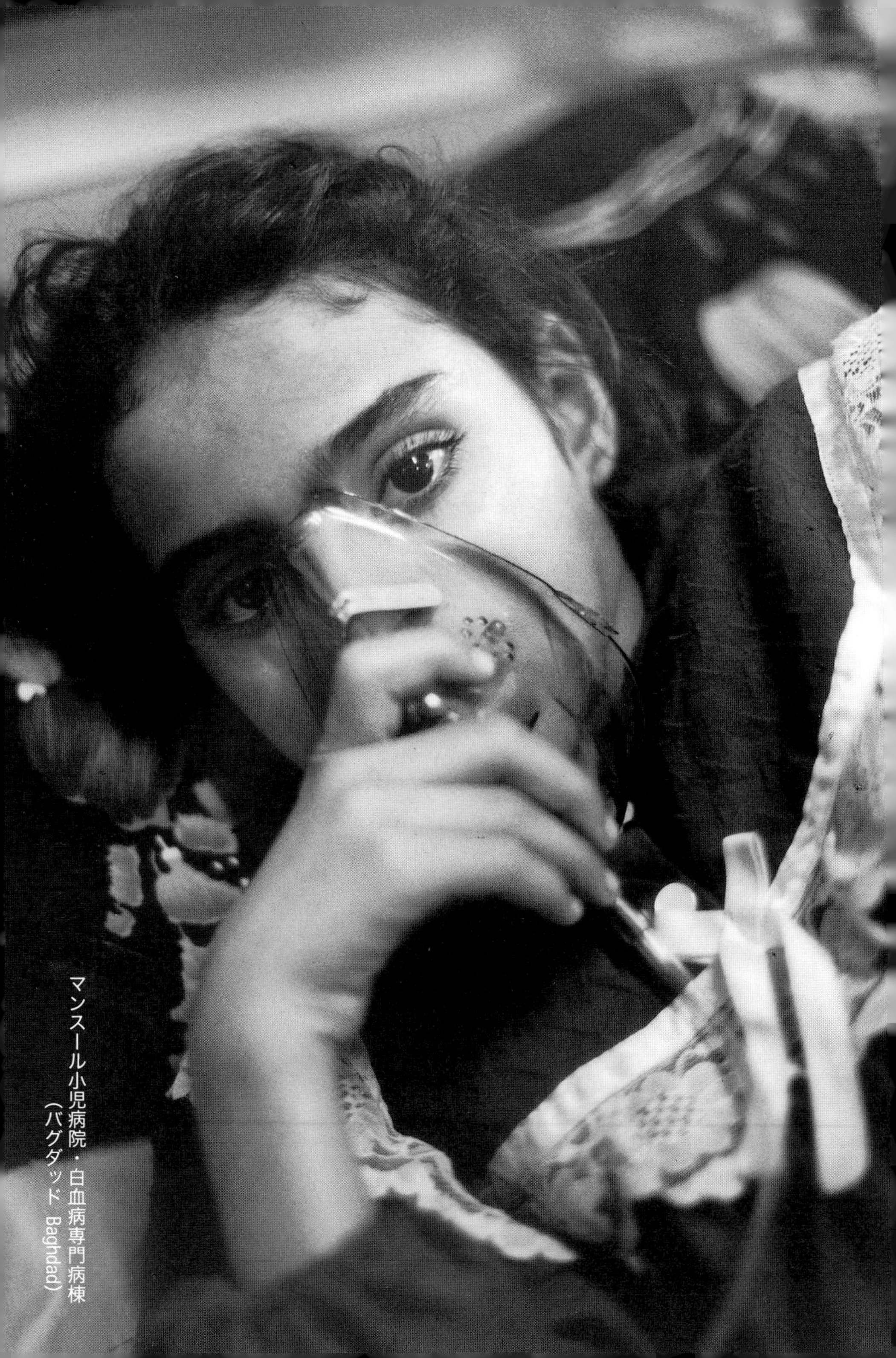

マンスール小児病院・白血病専門病棟
（バグダッド Baghdad）

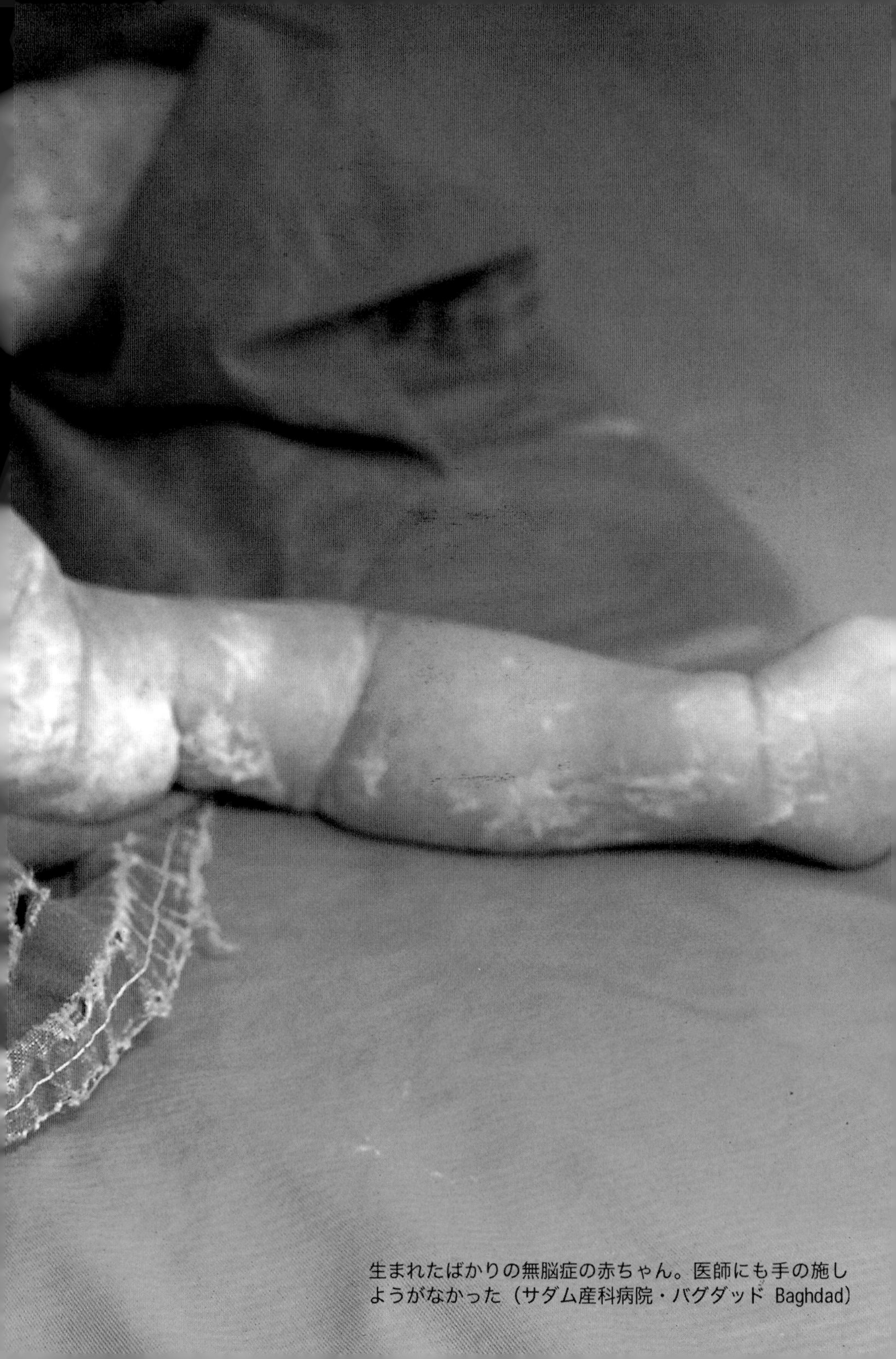

生まれたばかりの無脳症の赤ちゃん。医師にも手の施しようがなかった（サダム産科病院・バグダッド Baghdad）

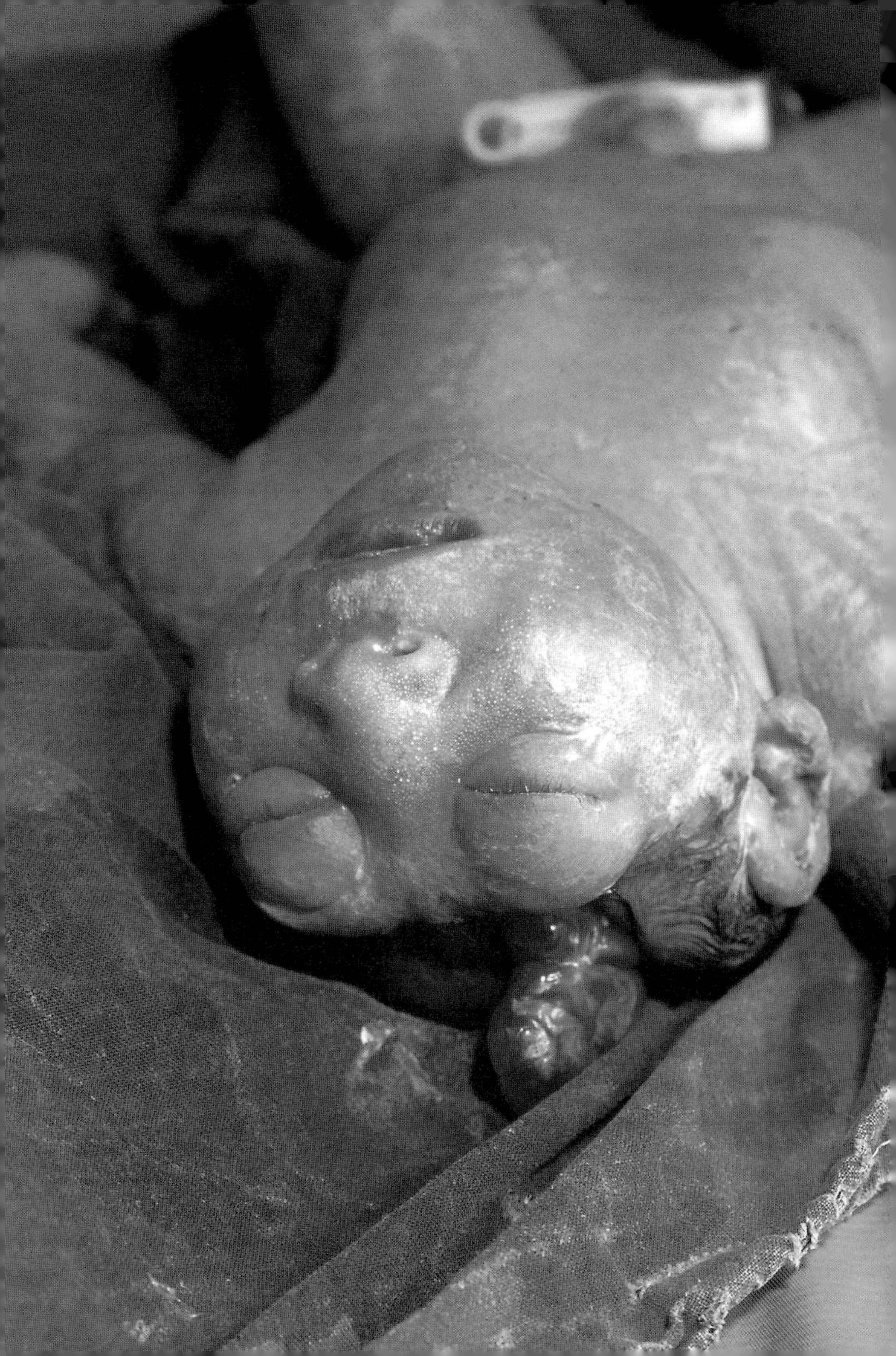

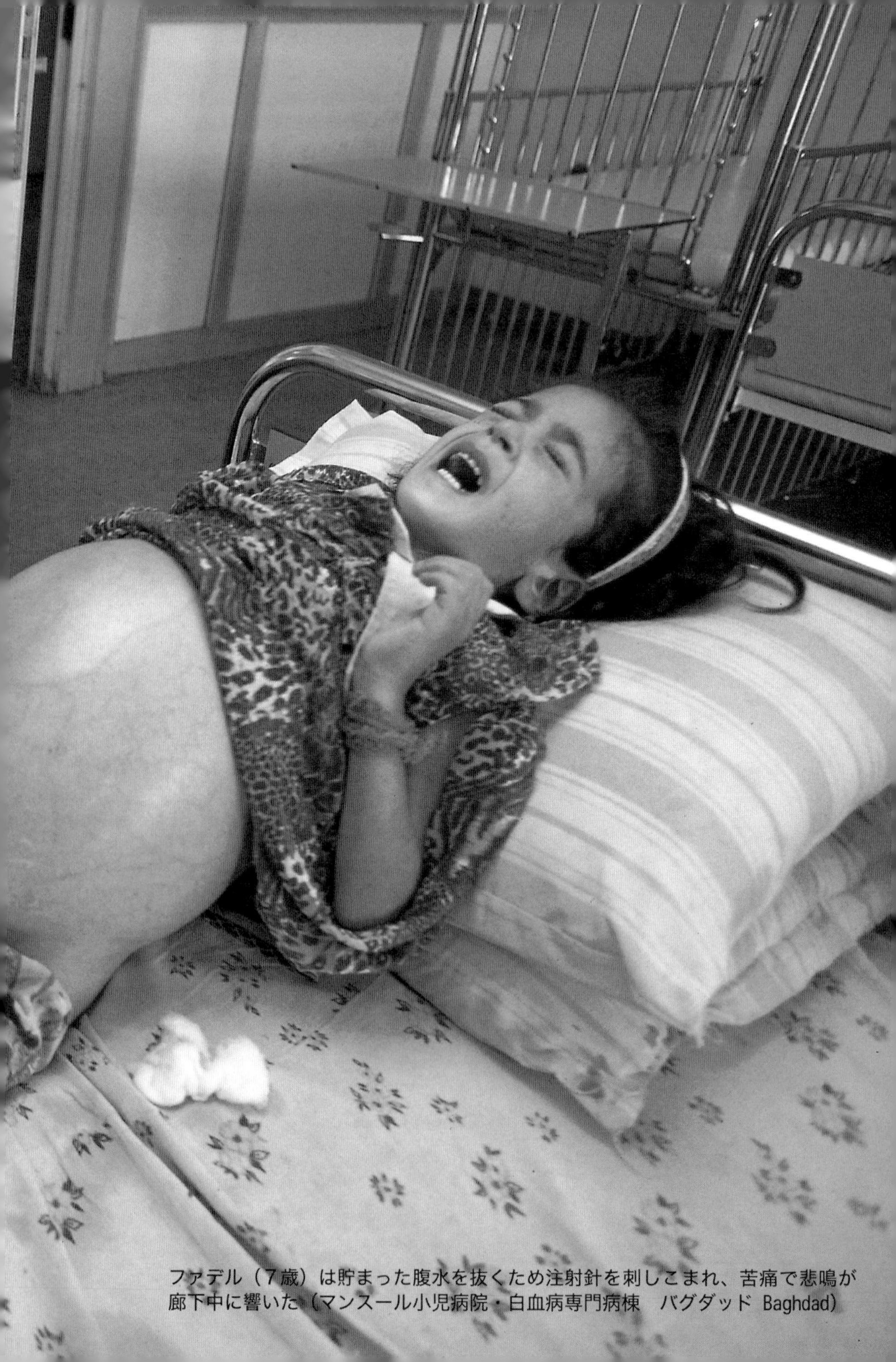

ファデル（７歳）は貯まった腹水を抜くため注射針を刺しこまれ、苦痛で悲鳴が廊下中に響いた（マンスール小児病院・白血病専門病棟　バグダッド Baghdad）

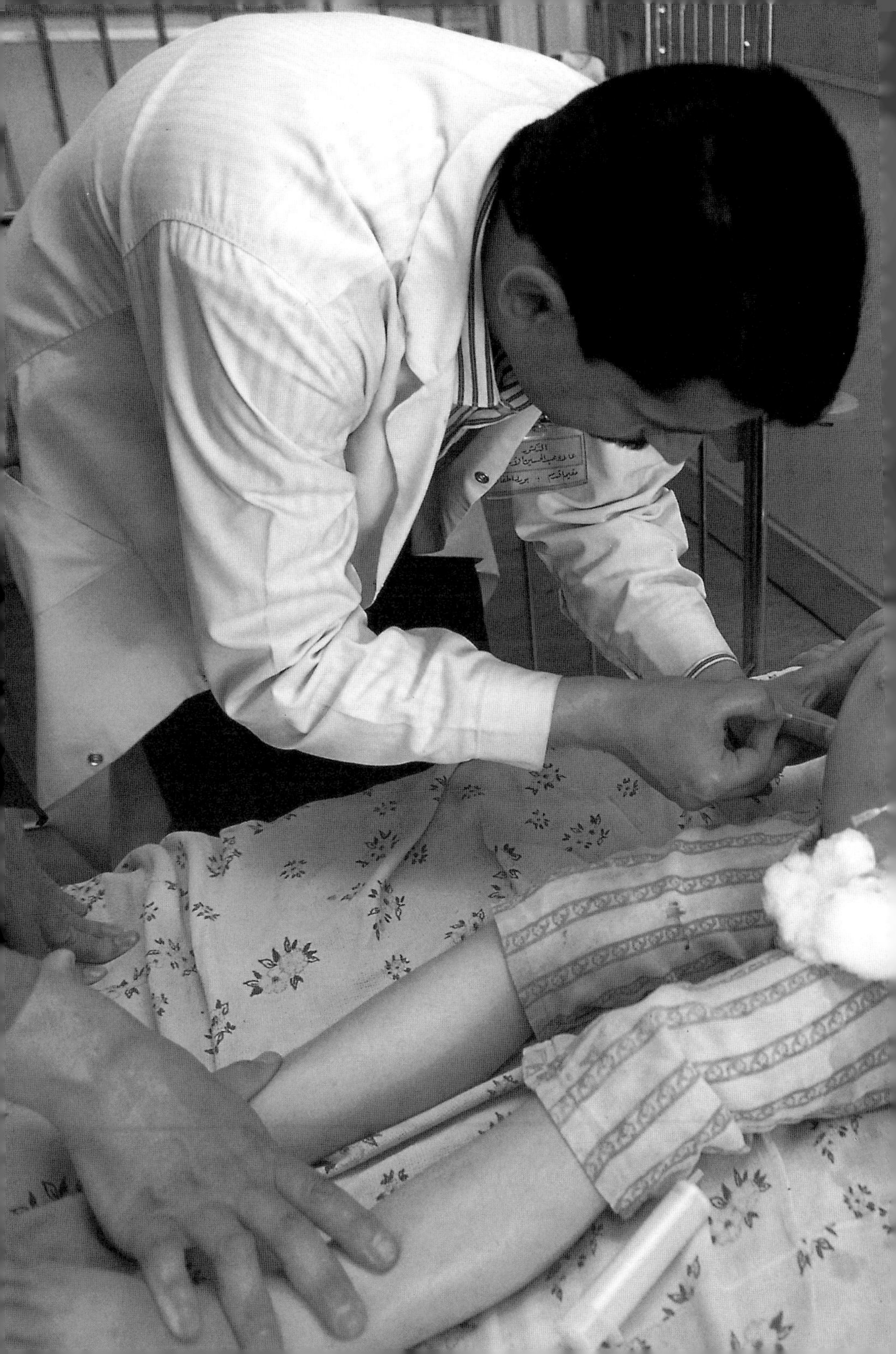

ファデルの父親は彼女の悲鳴に耐えきれず廊下に出てきてしまった。彼は湾岸戦争のときクウェートで戦った。

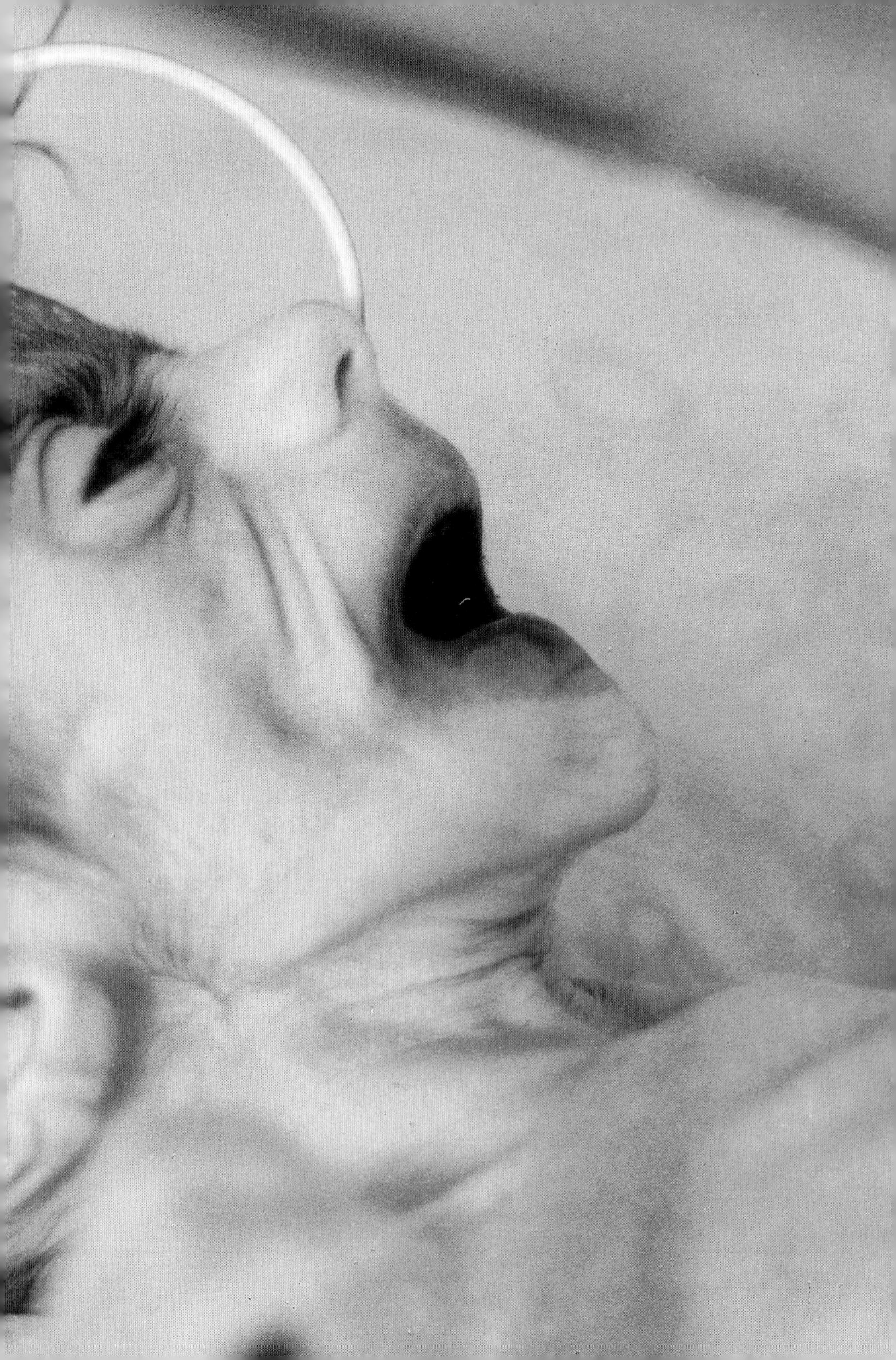

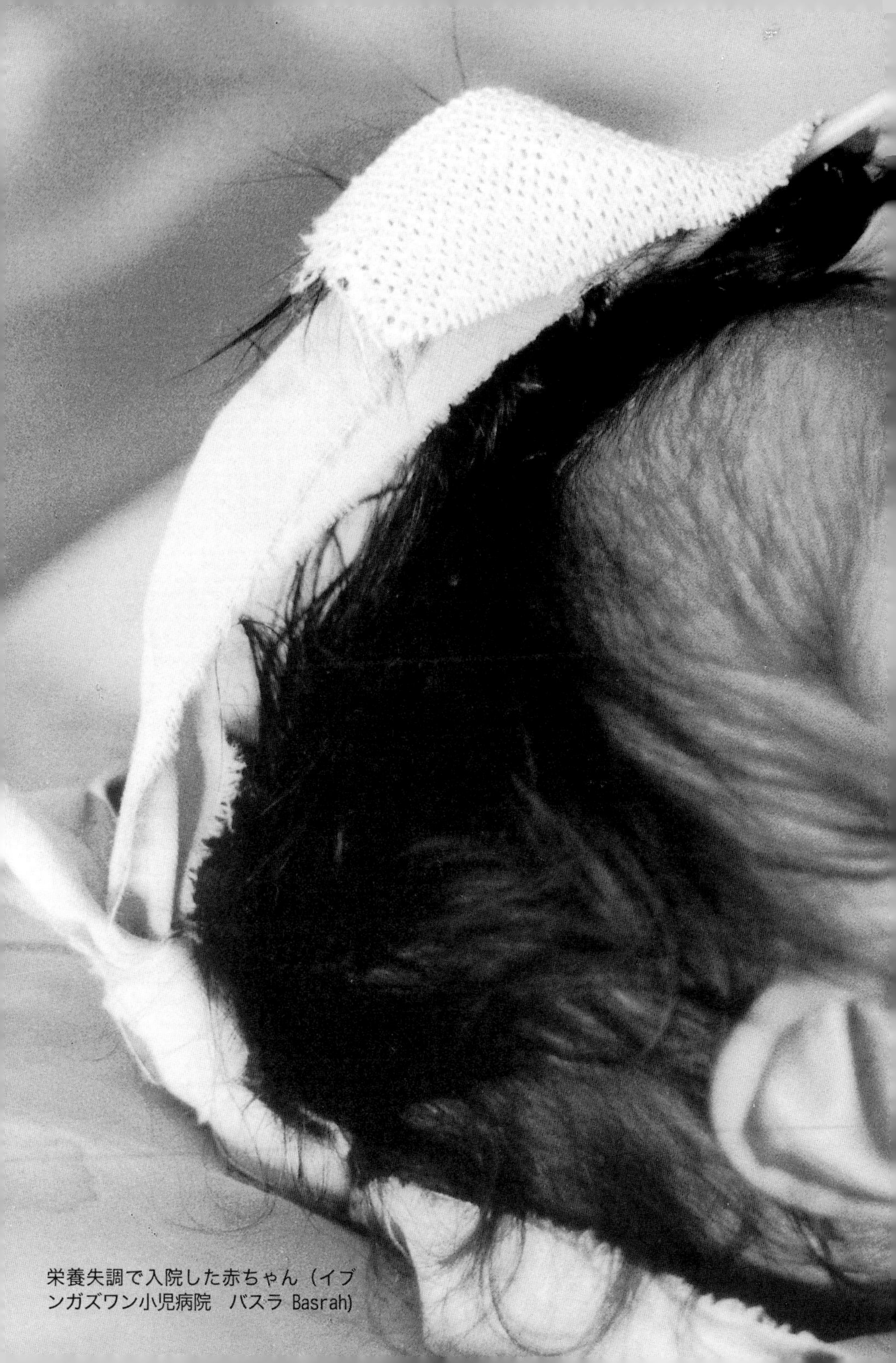

栄養失調で入院した赤ちゃん（イブンガズワン小児病院　バスラ Basrah）

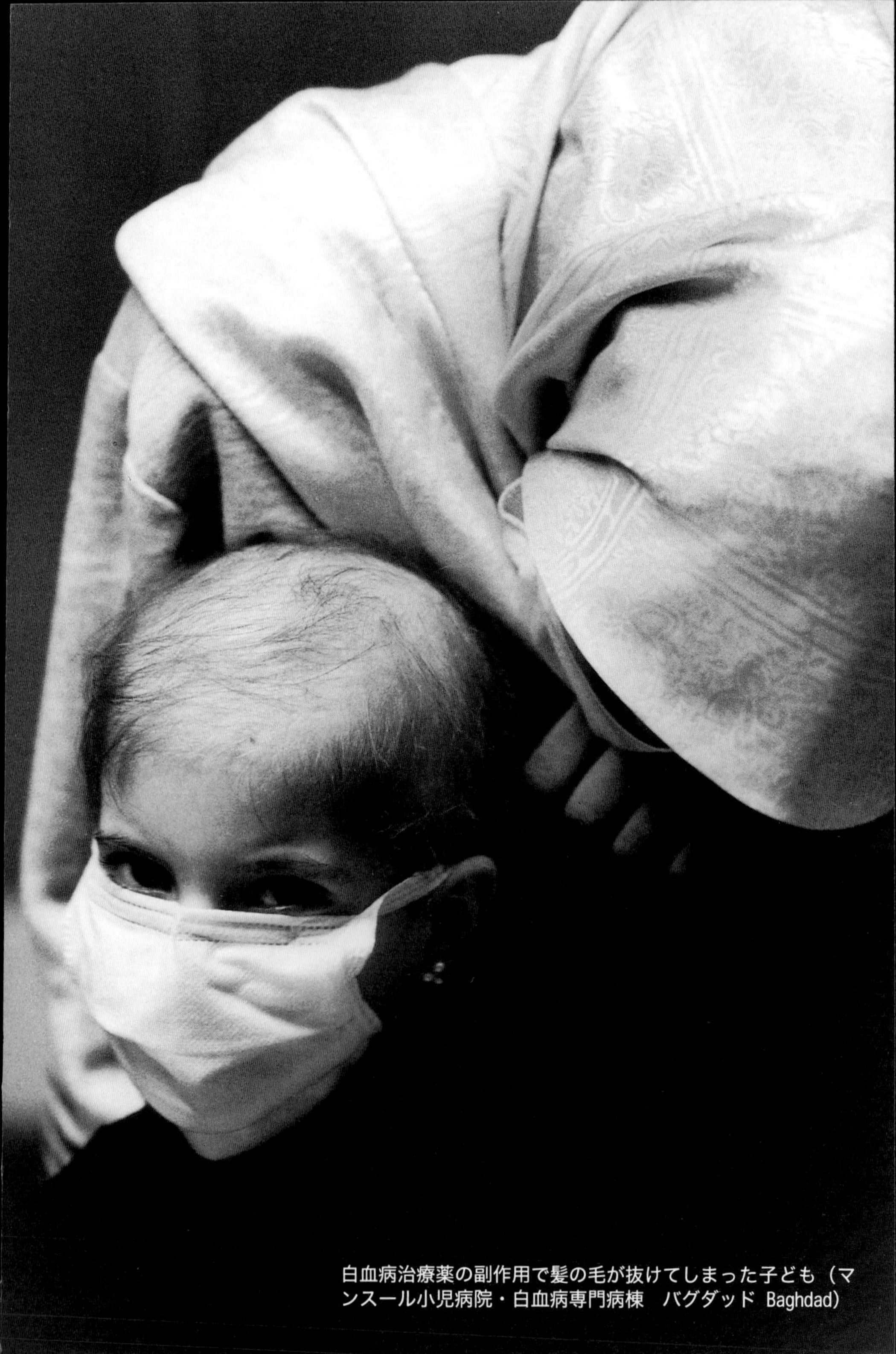

白血病治療薬の副作用で髪の毛が抜けてしまった子ども（マンスール小児病院・白血病専門病棟　バグダッド Baghdad）

白血病で入院した少年（マンスール小児病院・白血病専門病棟　バグダッド Baghdad）

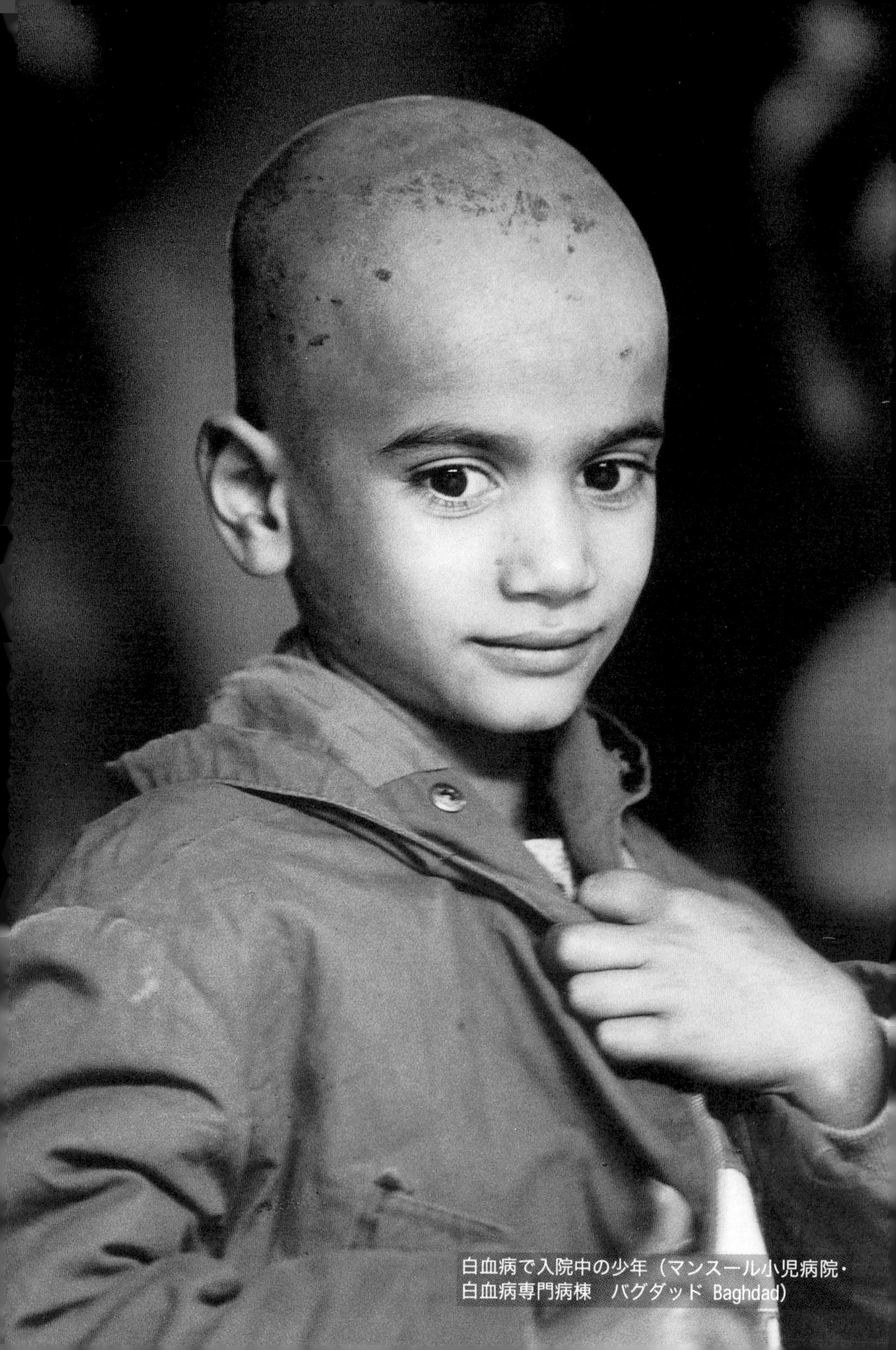

白血病で入院中の少年（マンスール小児病院・
白血病専門病棟　バグダッド Baghdad）

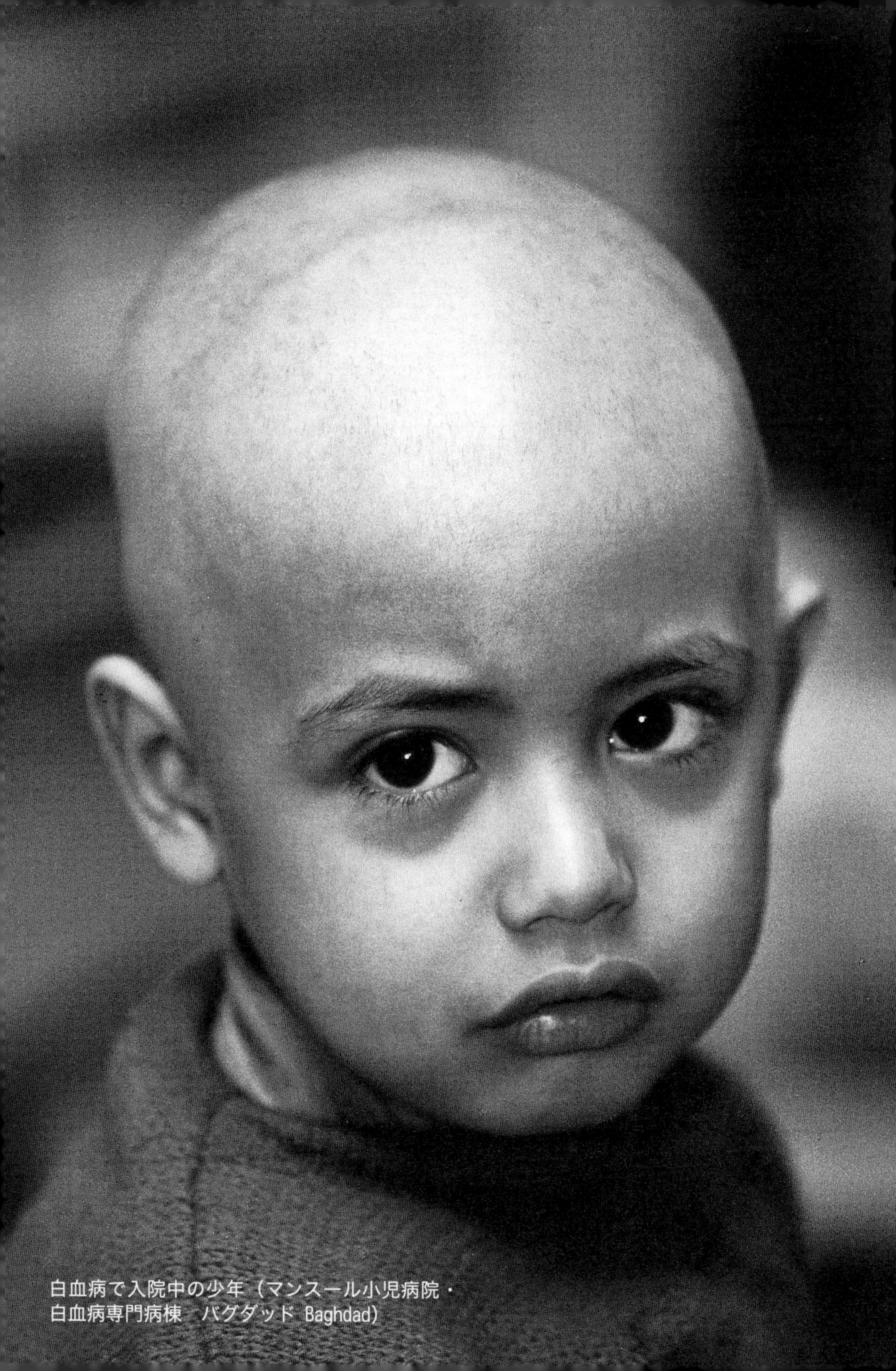

白血病で入院中の少年（マンスール小児病院・
白血病専門病棟　バグダッド Baghdad）

白血病で入院している子どもたちと母親（マンスール小児病院・白血病専門病棟　バグダッド Baghdad）

けさ、隣のベッドの子どもが亡くなった。明日は自分かも知れないと、同室の子どもたちの心はに動揺が走る（マンスール小児病院白血病専門病棟　バグダッド Baghdad)

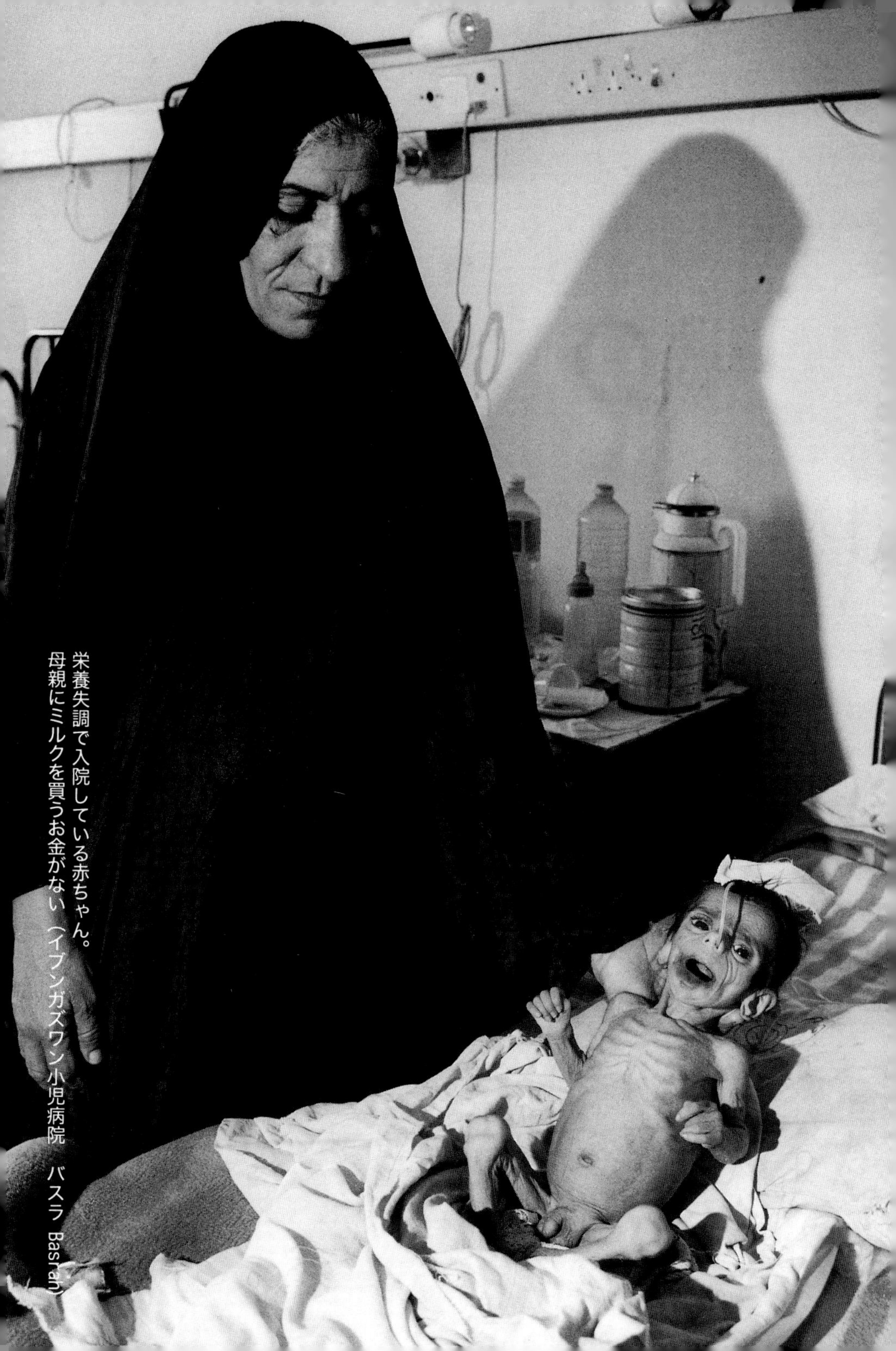

栄養失調で入院している赤ちゃん。
母親にミルクを買うお金がない（イブンガズワン小児病院　バスラ　Basrah）

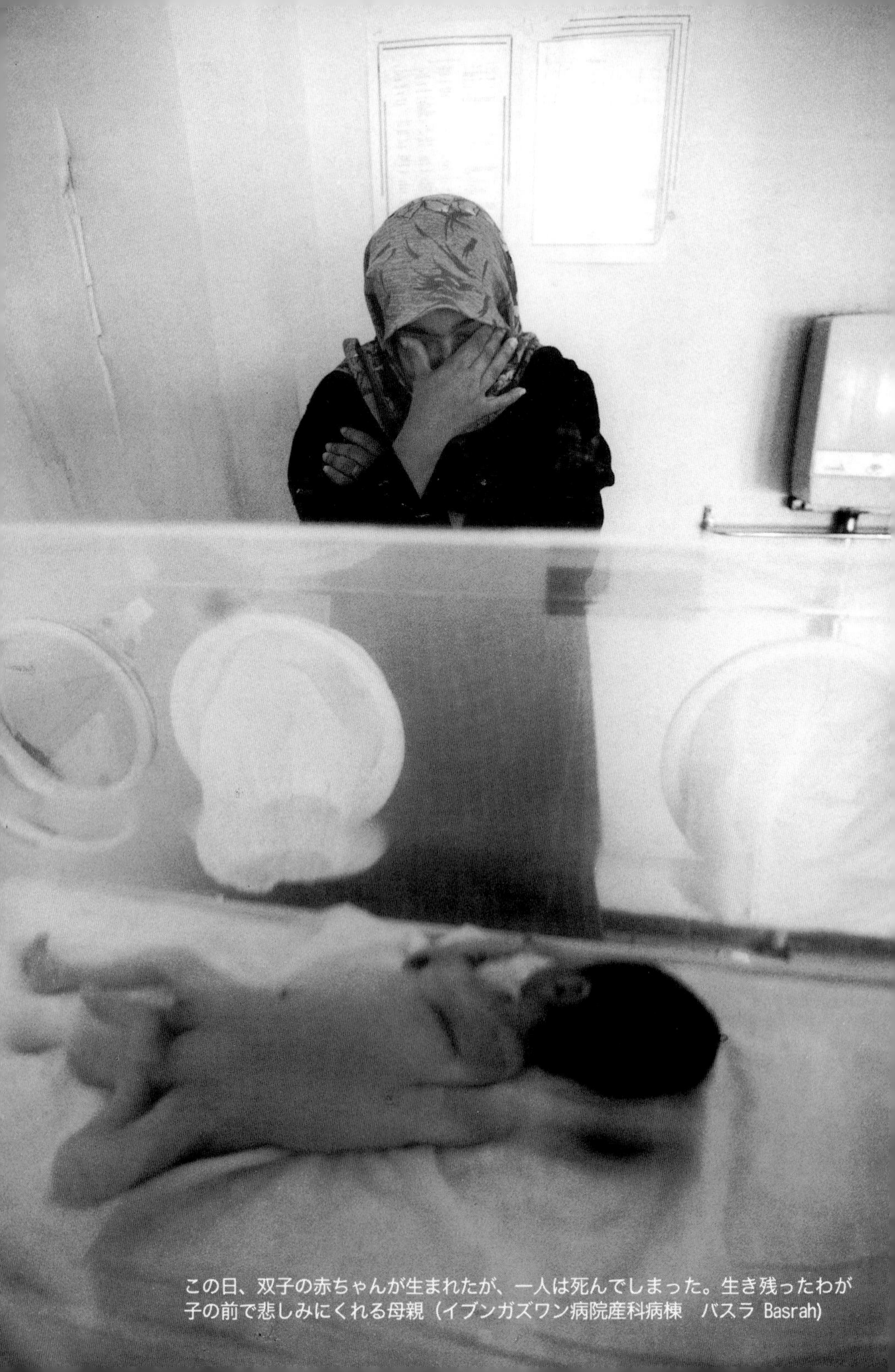

この日、双子の赤ちゃんが生まれたが、一人は死んでしまった。生き残ったわが子の前で悲しみにくれる母親（イブンガズワン病院産科病棟　バスラ Basrah)

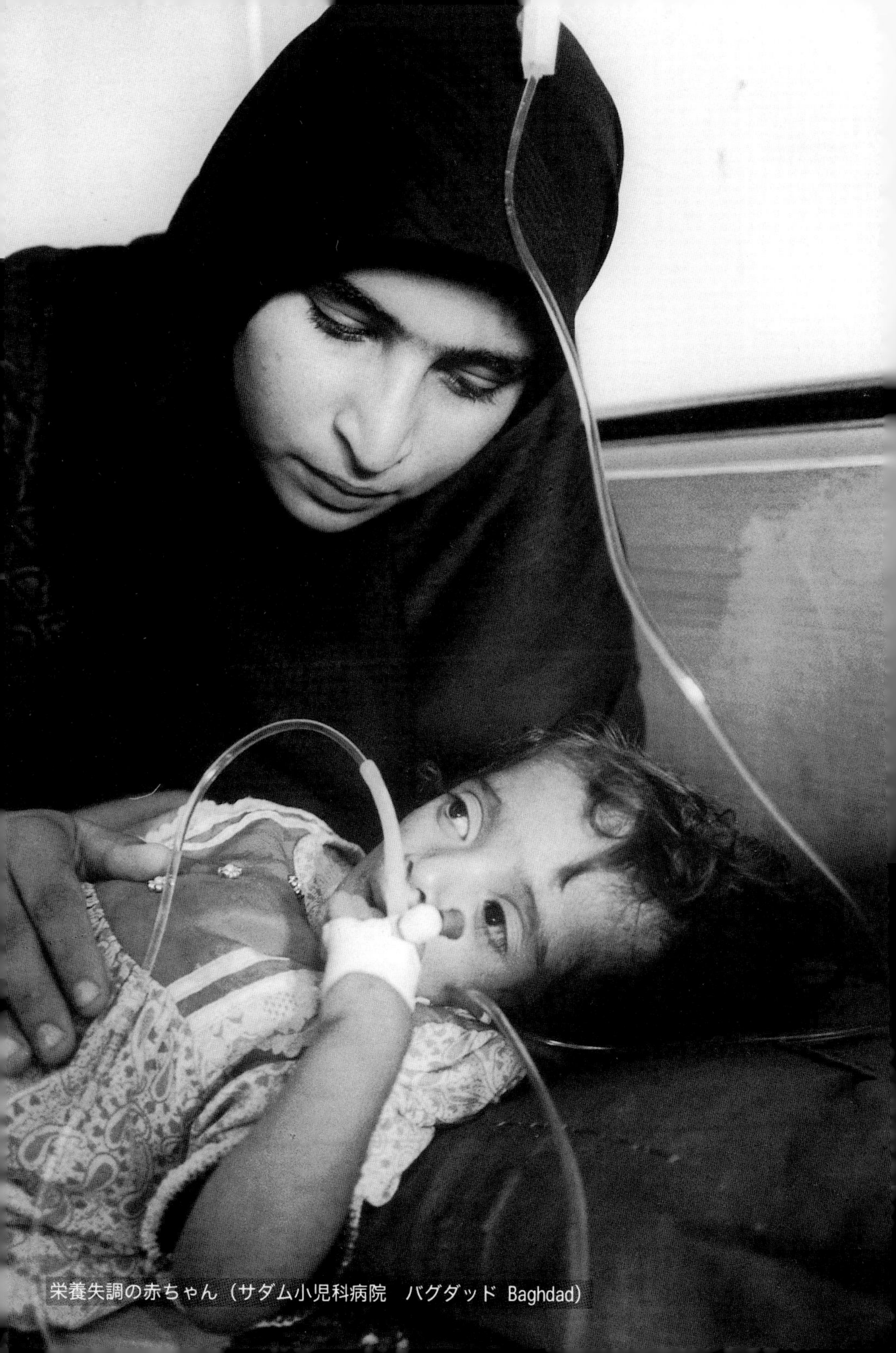

栄養失調の赤ちゃん（サダム小児科病院　バグダッド Baghdad）

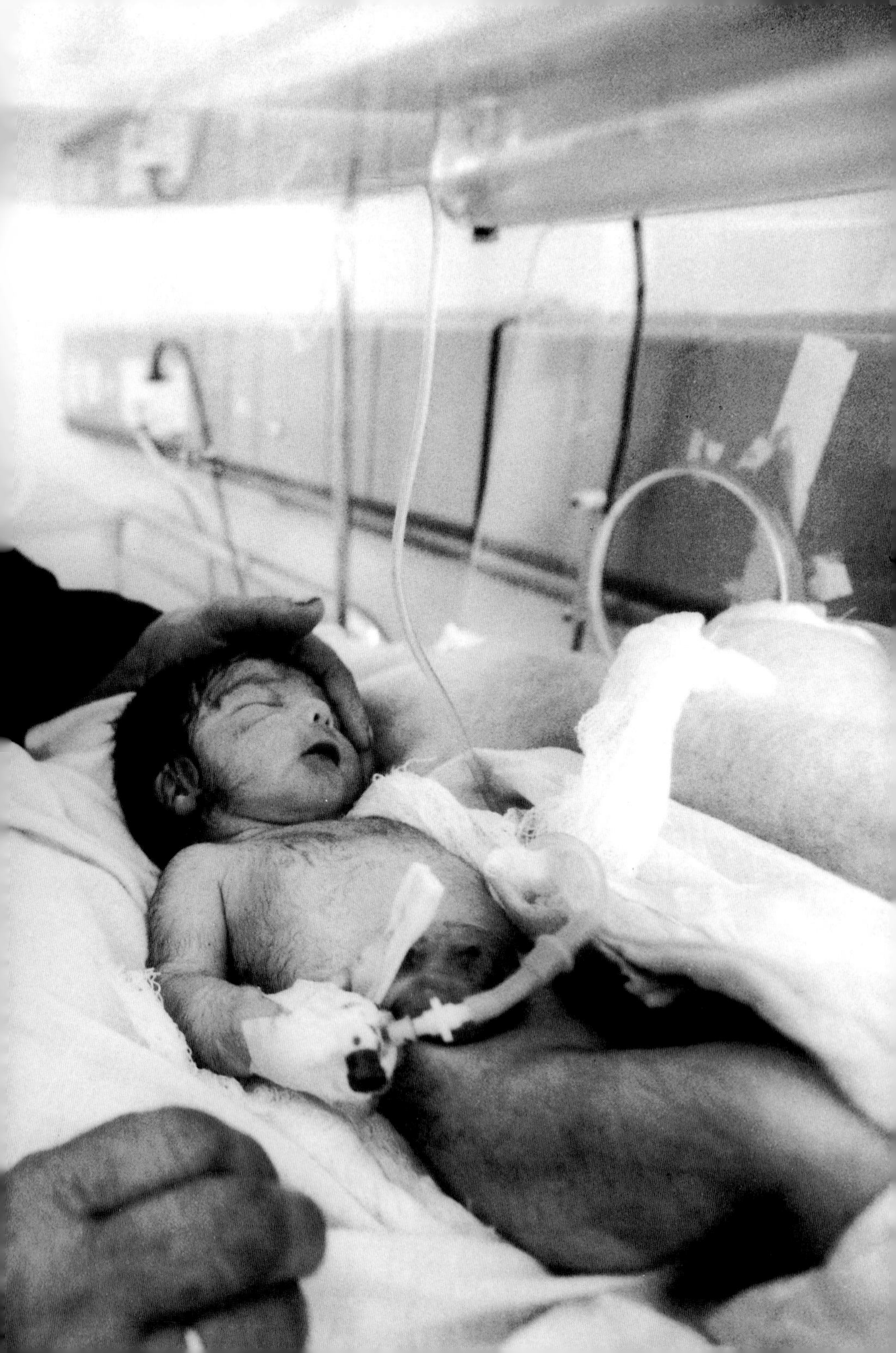

ヘルニアの赤ちゃんは死産だった（マンスール小児病院・
白血病専門病棟　バグダッド Baghdad）

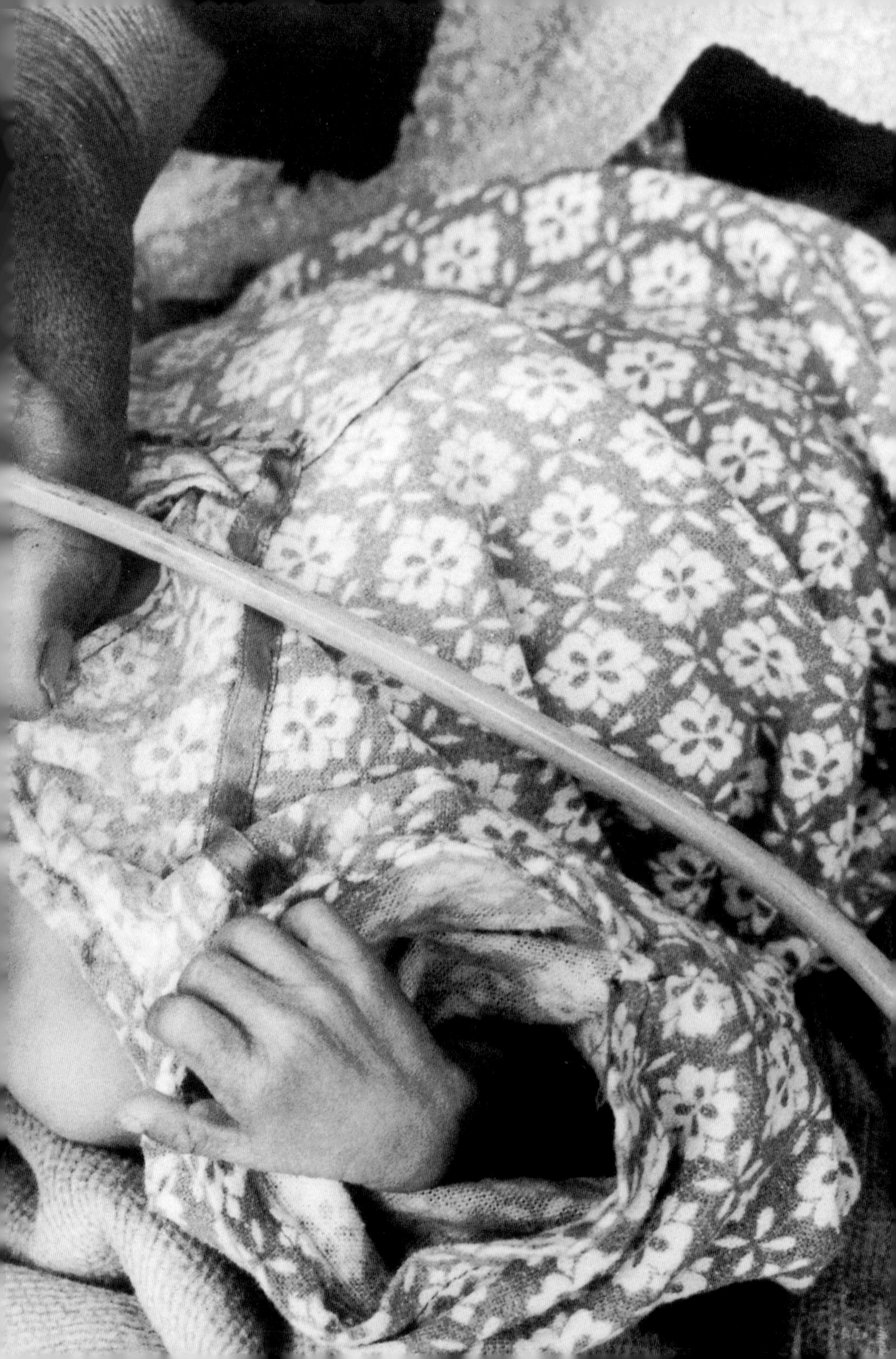

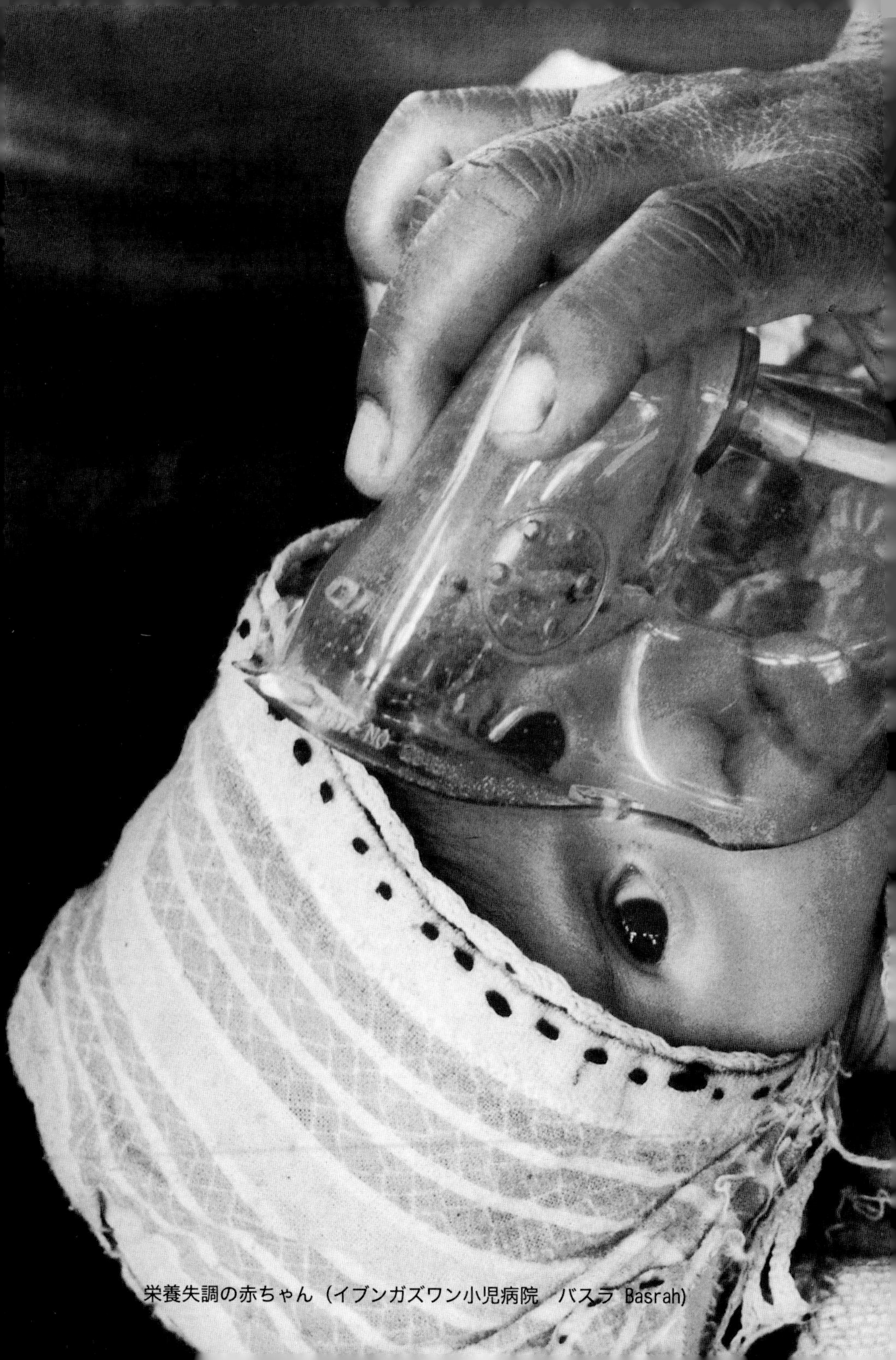

栄養失調の赤ちゃん（イブンガズワン小児病院　バスラ Basrah)

苦しむ息子の手をそっと握るだけしかできない母親。少年の意識はだんだん遠ざかっていった（マンスール小児病院・白血病専門病棟　バグダッド Baghdad）

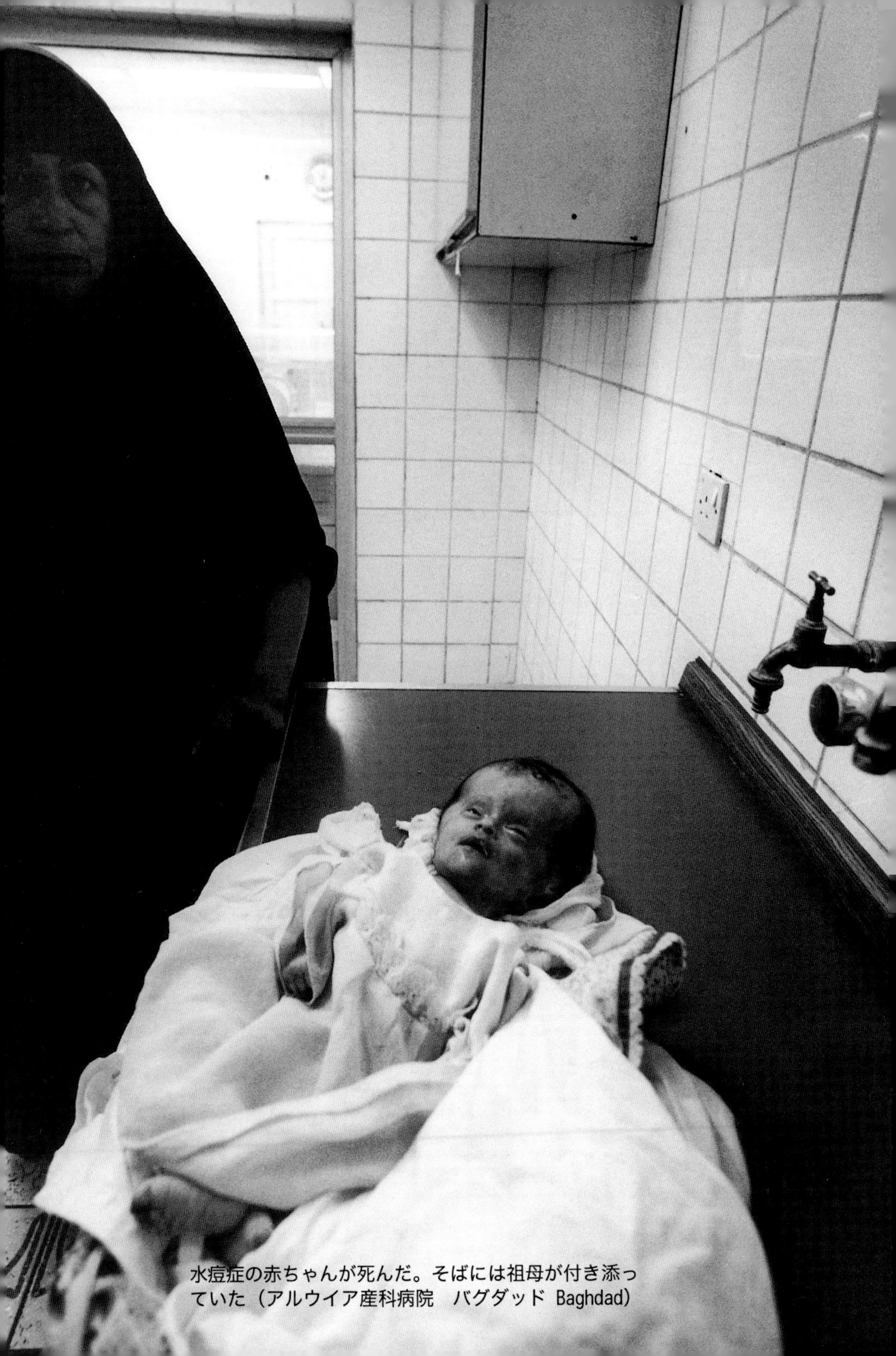

水痘症の赤ちゃんが死んだ。そばには祖母が付き添っていた（アルウイア産科病院　バグダッド Baghdad）

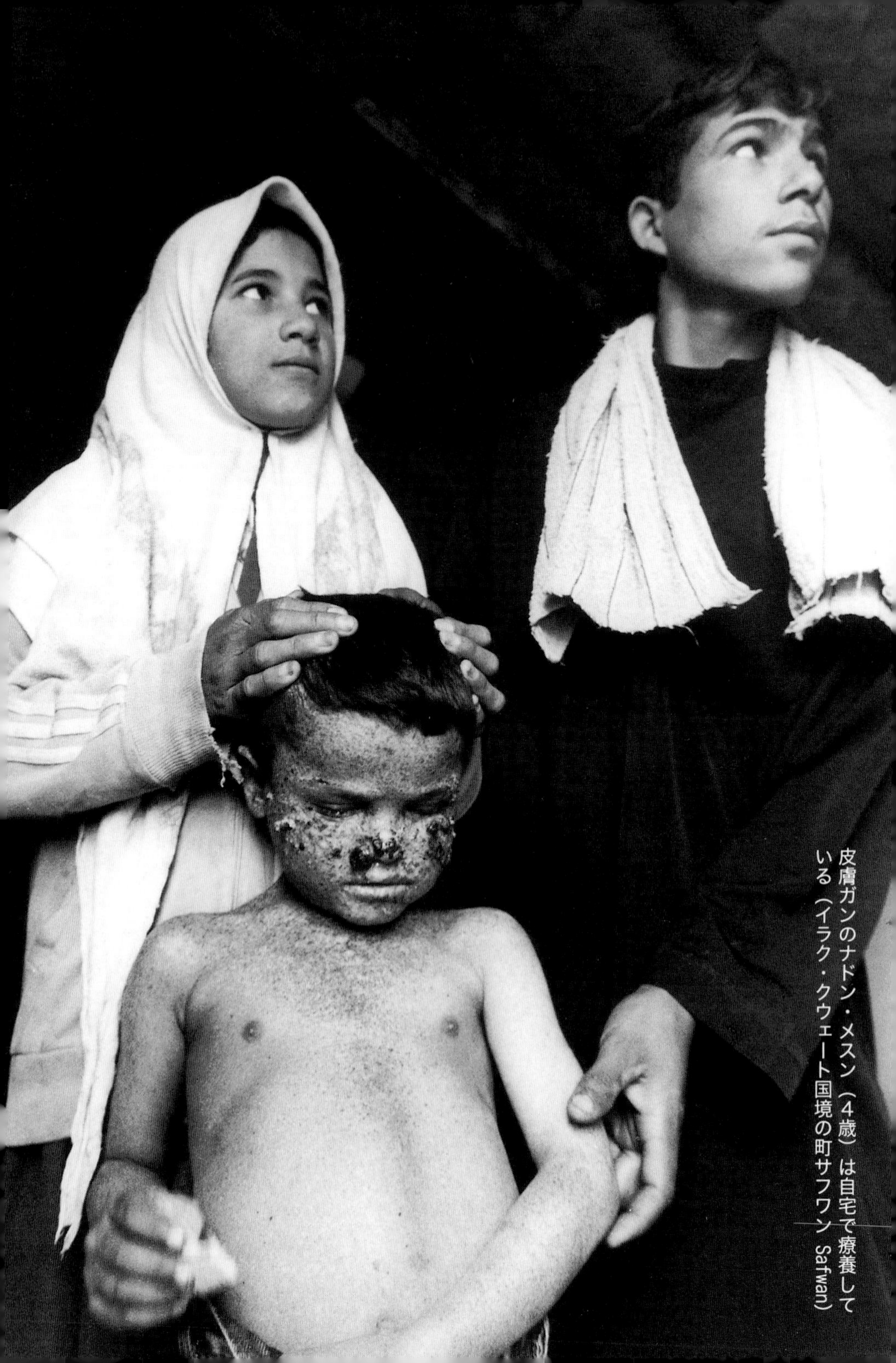

皮膚ガンのナドン・メスン（4歳）は自宅で療養している（イラク・クウェート国境の町サフワン Safwan）

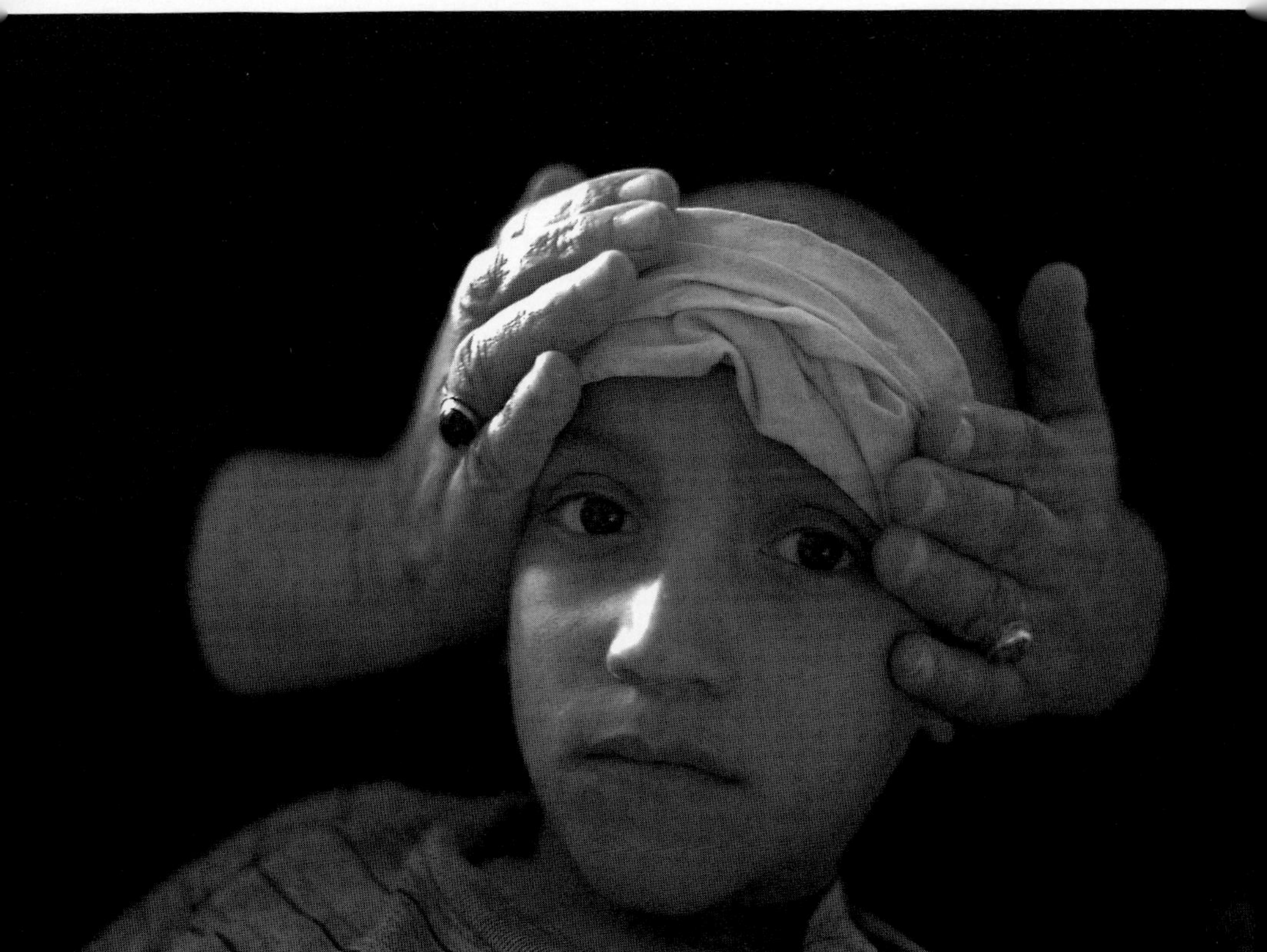

白血病で入院中のカラル（８歳）は高熱にうなされていた
(マンスール小児病院・白血病専門病棟　バグダッド Baghdad)

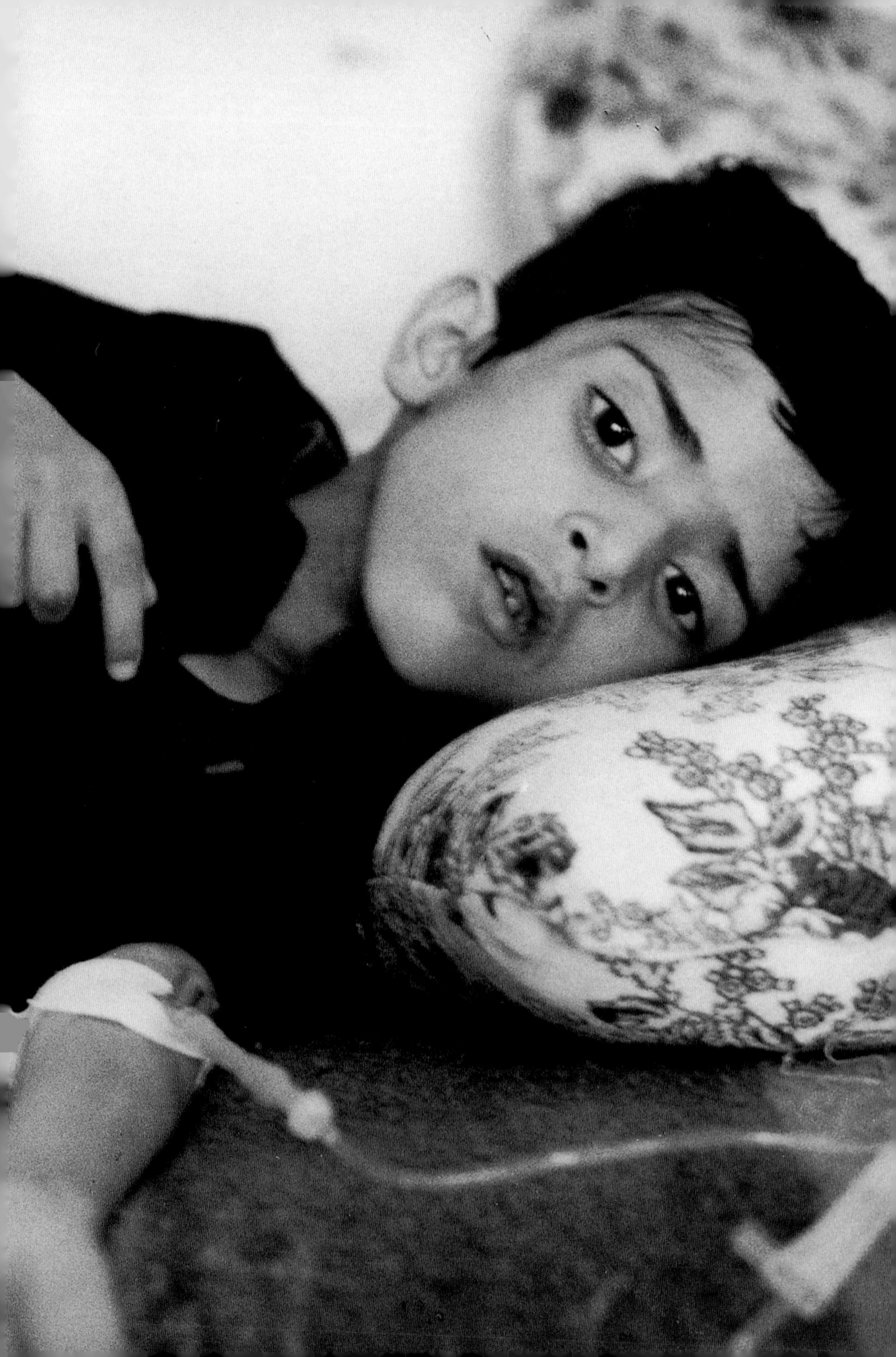

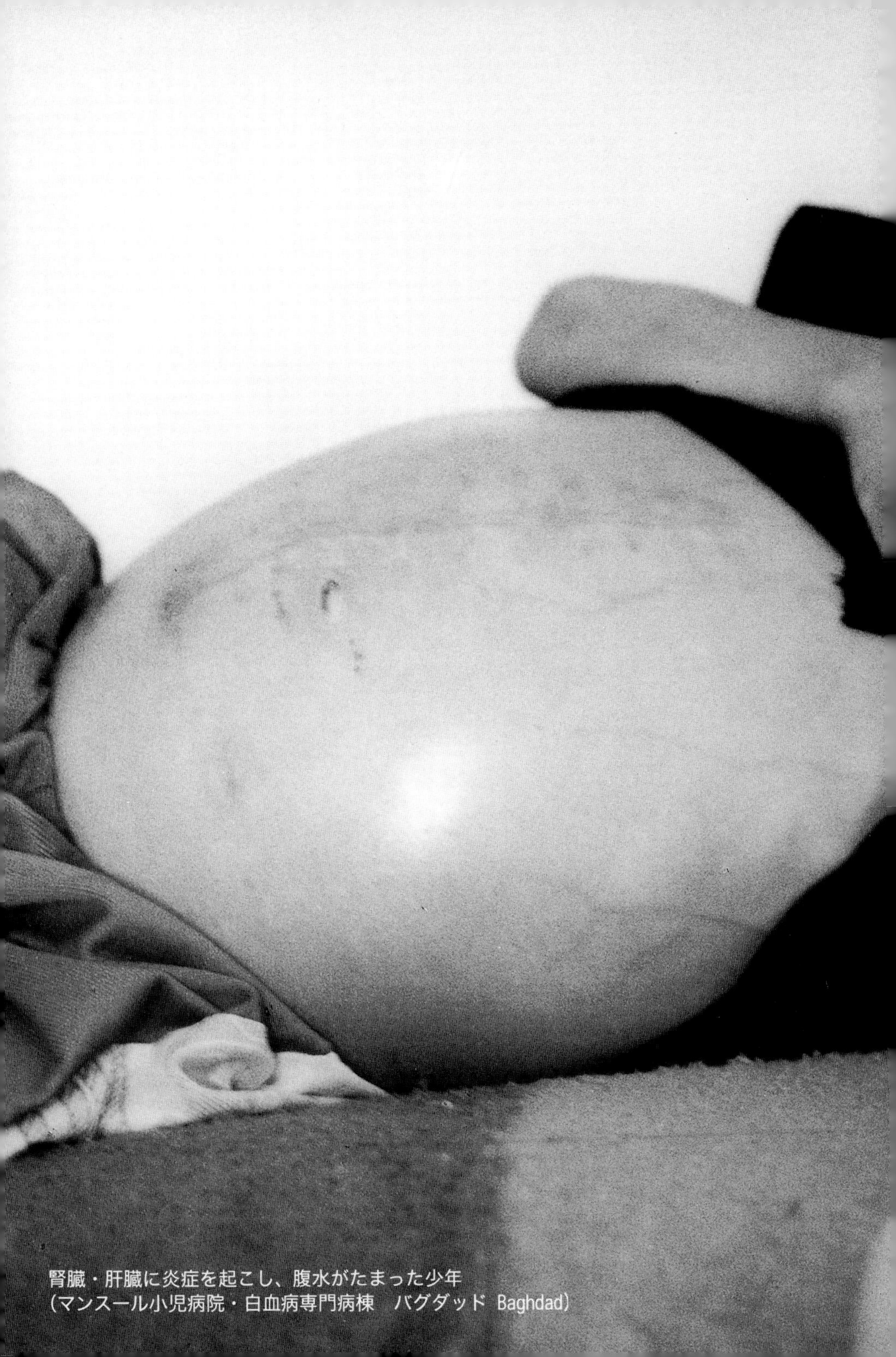

腎臓・肝臓に炎症を起こし、腹水がたまった少年
（マンスール小児病院・白血病専門病棟　バグダッド Baghdad）

外来患者で混雑する待合室（サダム小児科病院　バグダッド Baghdad）

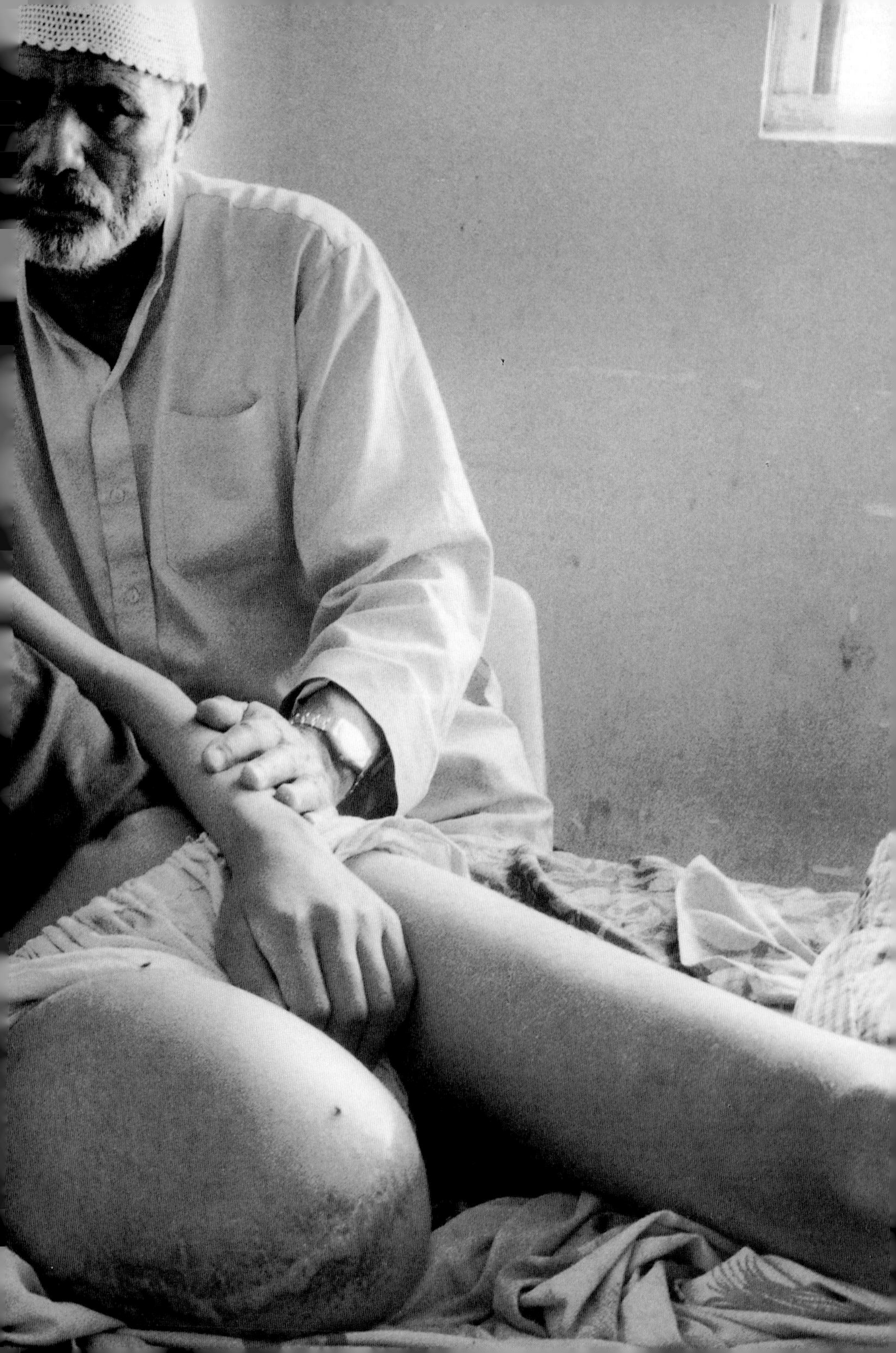

ファラ・フセイン（20）は米軍の不発弾が爆発し右足を切断。２年後骨ガンになり、肺にも転移した（サダム教育病院　バスラ Basrah)

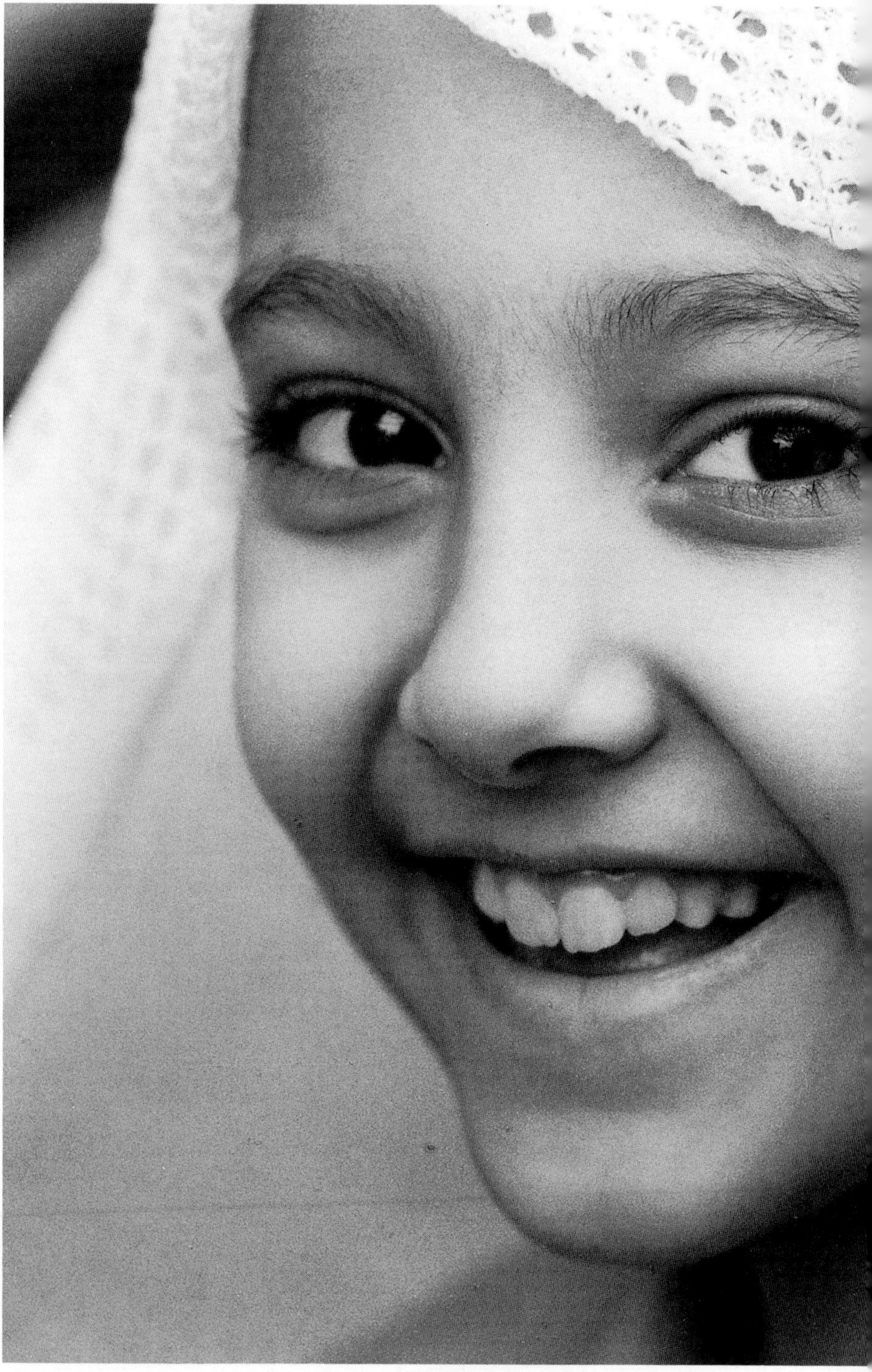

サファア（8歳）（マンスール小児病院・白血病専門病棟　バグダッド Baghdad）

ショールを取ったサファ

Ⅲ 生活のなかの子ども

アル・クレファ小学校（バグダッド Baghdad）

アル・クレファ小学校
（バグダッド Baghdad）

机はベニヤ板が剥がれささくれ立っていた
(アル・クレファ小学校　バグダッド Baghdad)

窓は割れ、ビニールシートが張られていた。電球のない錆びついた照明器具が揺れていた（アル・クレファ小学校　バグダッド　Baghdad）

ヨンモケフ小学校（バスラ Basrah）

登校が遅くなると座る机がない。机のない子どもは床に座り込んでノートをとる（ヨンモケフ小学校　バスラ Basrah)

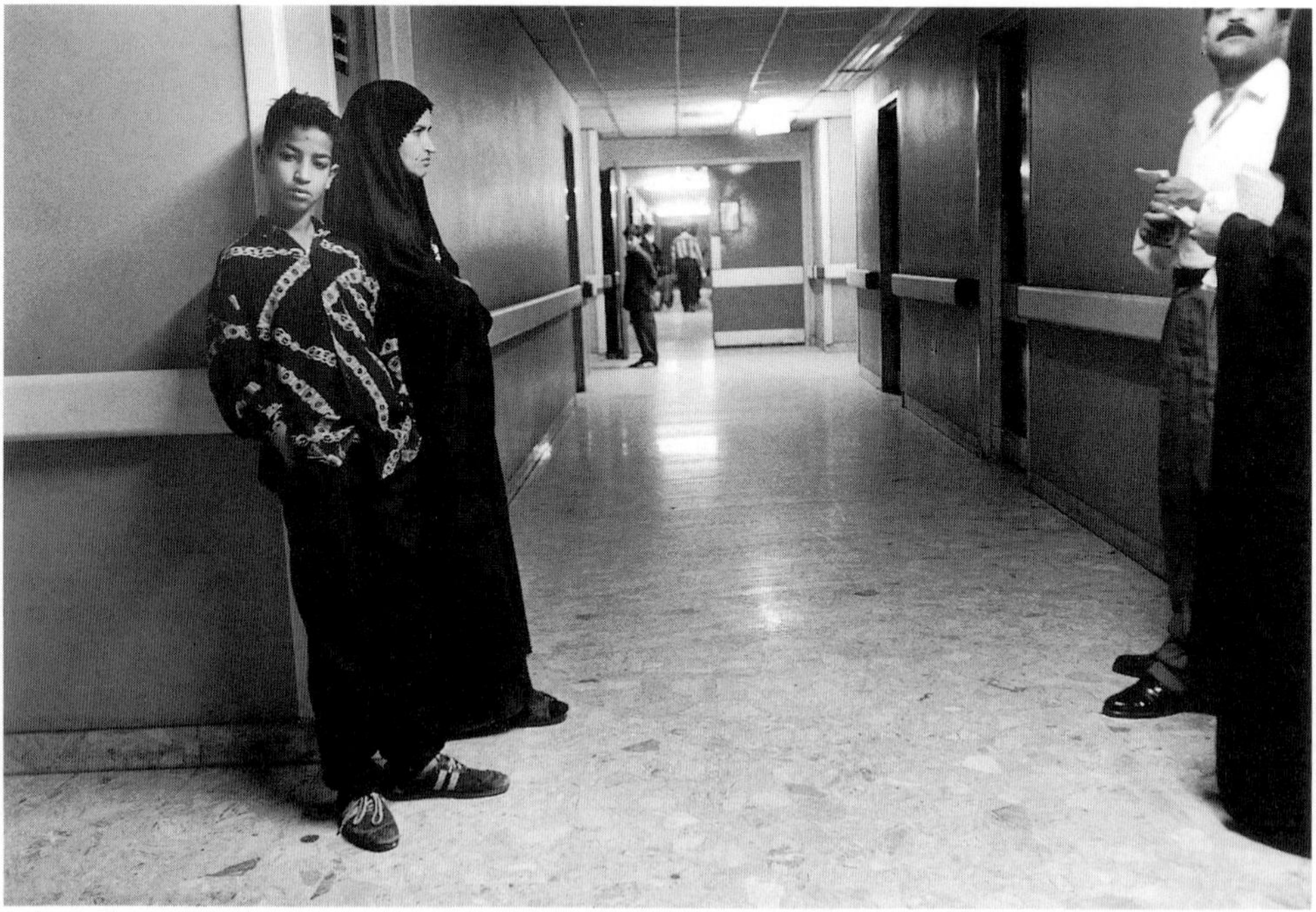

サアドの定期検査の日。検査結果が出るのを不安な気持ちで待っていた（マンスール小児病院・白血病専門病棟　バグダッド Baghdad）

サアドの姉（バグダッド Baghdad）

サアドの家（バグダッド Baghdad）

サアドの一家

少しでも家計を助けようとサアド(右)は通りに面した家の一角に小さなお菓子屋を開いた（バグダッド Baghdad)

サアドのきょうだい

食糧配給所。月の半分ほどしかまかなえない
（バグダッド Baghdad）

昼食のナンを焼いていた、バグダッド近郊の農家（ドーラ Dora）

ファオ漁港。対岸はイラン（ファオ Fao）

父親の漁が終わるのを待つ姉弟（バスラ Basrah)

冬の夜は冷え込む。たき火で暖をとるストリートチルドレン（バスラ Basrah）

湾岸戦争後にできた子ども専用の墓地。一
日4、5人が埋葬される（バスラ Basrah）

イラク・クウェート国境非武装地帯でのトマト栽培

イラク・クウェート国境非武装地帯の農家

Times

農家の兄弟（サフワン Safwan）

ベドウィンの少女（イラク・クウェート国境非武装地帯）

湾岸戦争から10年、イラクは今

※劣化ウラン弾――もう一つの〝核戦争〟

◆◆◆初めてのイラク行

一九九八年二月頃だったと思う。知人から、イラクの子どもたちについての講演会に誘われた。それより前、湾岸戦争から帰還したアメリカの兵士と、彼らを親として生まれてきた子どもに、癌《がん》や先天的な障害などさまざまな疾病《しっぺい》が生じている、その原因が湾岸戦争で初めて使われた劣化ウラン弾らしい、というテレビニュースを見たことがあった。

伊藤政子さんの講演は、予想以上に衝撃的なイラクの子どもたちの実態を伝える話だった。伊藤さんは湾岸戦争直後からバグダッドに入り、その後何度もイラクを訪問し、子どもたちに医薬品や学用品、衣類などを届けていた。イラクでは、「マサコ」と言えば誰もが子どものために援助活動をしている日本人の女性、とすぐわかるほど有名なのだ。

当時、私が持っていたイラクに対するイメージは、とても危険なところ、独裁国家で国民は自由が奪われているという程度、そんな国に入国することはとても難しいこと、と思っていた。

翌週、伊藤さんにイラク取材の件を話すと、イラク写真家協会が国際写真展を開催するので、そこに写真を応募すれば写真家協会が招待状を出してくれ、入国ビザがもらえるということだった。さっそく、これまでに撮っていた日本の農村風景の写真を送った。ほど

白血病で入院しているチョロンを見舞う伊藤政子さん（マンスール小児病院白血病専門病棟）

なく、イラク写真家協会から招待のビザが送られてきた。

こうして初めてのイラク行きが決まった。アフリカ旅行家のハッサン・水谷さんも伊藤さんに同行することになった。彼はプロ顔負けの素晴らしいサファリの写真を同写真展に出品した。

イラクには、ヨルダンの首都アンマンから陸路で入る。私は数日遅れて日本を発ったため、伊藤さんや水谷さんとはアンマンで合流することにした。深夜のアンマン空港に着くと、伊藤さんたちが出迎えてくれた。

翌日、早朝二時、伊藤さんが準備した医薬品や学用品、衣類などの支援物資の入った段ボール箱一〇数個を後ろのトランクや屋根に積み込んで、三人を乗せた大型タクシーはアンマンからバグダッドに向かった。やがて国境を越え、イラク側に入ると、サダム・フセイン大統領の大きな肖像が掲げてあるゲートを通過した。

入国管理事務所では東京のイラク大使館からＶＩＰセクションを通過できる手紙をもらってきていたので、一般入国者とは別のＶＩＰセクションに通された。反

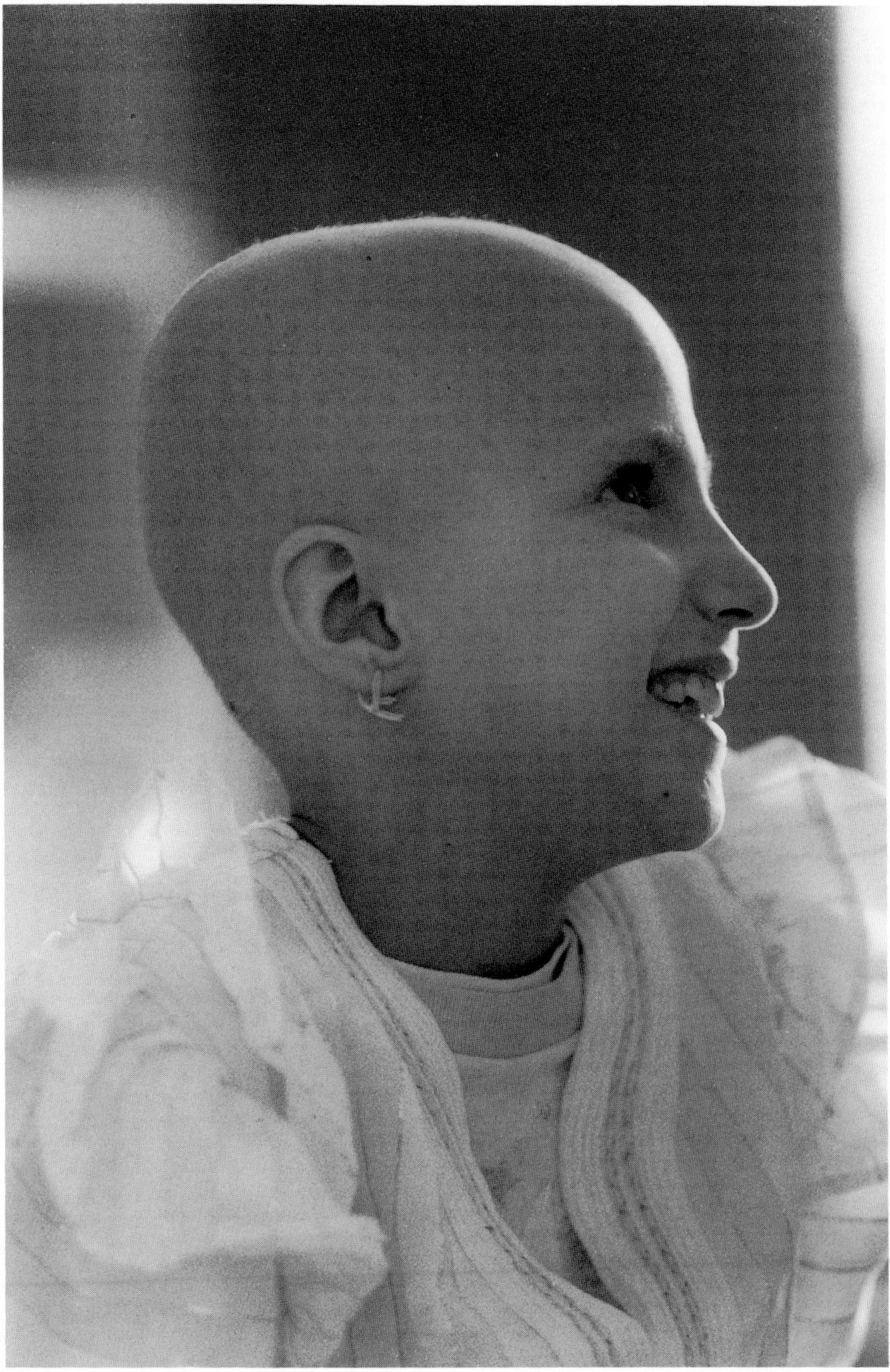

白血病で入院中の少女チョロン

ヨルダンのアンマンからバグダッドに向かう幹線道路。窓を開けると50度を超す熱風が吹き込んできた。

対側のイラクから出国するゲートでは、早朝にもかかわらずたくさんのタンクローリーが出国手続きの順番を待って長い列を作っていた。日中四〇度から五〇度にもなる砂漠のドライブを避け、陽が低い涼しいうちに距離を稼ぎたいという思いは誰も一緒らしい。撮影機材の登録や入国カードへの記入で一時間ほどかかり、ぶじ通過できた。

イラク国内に入るとすぐに、ガソリンスタンドがあった。バグダッドに行く車、ヨルダンへ出国する車が、必ず満タンにしてゆくところだ。イラクはヨルダンよりガソリンが安いため、出国する車はここでみな満タンにする。私たちはこれから数百キロ、バグダッドまで走るのだ。

ガソリンスタンドを出発する頃、ようやく東の空から真っ赤な朝日が昇り始めた。今が一番冷えている。セーターの上に雨具用のジャンパーを着込んだが、それでも寒かった。

砂漠のハイウェーは片道四車線や三車線の立派な道だった。日本の援助でつくられたらしい。私たちの乗ったアメリカ製の大型タクシーGMCは、時速一三〇キロで快調に走り続ける。陽が高くなるにつれ、急速に気温が上昇し始めた。早くも三〇度を超えている。しかし乾燥しているので、そう暑さを感じない。行けども行けども変わらぬ風景。赤っぽい砂漠がどこまでも続き、ほとんど植物は生えていない。

昼過ぎ、バグダッドに到着した。ひそかに期待していたアラビアンナイトを思わせる建物は見あたらず、近代的な建築物が建ち並ぶアラブ最大の都市だった。中心部に入っても、空爆で破壊された建物は目に入らなかった。「道路からは見えないように巧妙に爆撃されたの」と伊藤さんが説明してくれた。それでも、国際電話局の建物は半分破壊され、火災を起こした後が黒ずんで見えた。

ようやく宿泊するホテルに着いた。チグリス川南岸の橋のたもとに建っていた。近くには情報省があった。アンマンからバグダッドまで一〇〇〇キロ、一二時間で、タクシー代は八〇ヨルダン・ディナール、日本円にしておよそ一万五千円だった。

黒髪を失った少女

八歳のサファアに初めてあったのは、バグダッドにあるマンスール小児病院白血病専門病棟の玄関だった。この日に退院の彼女は、久しぶりに帰宅できる喜びで、誰にでも笑顔を振りまいていた。私はとっさに二〇〇ミリレンズで彼女の笑顔をアップで何カットか切った。白いレースのショールはとても彼女に似合っていた。

突然、チグリス川からの川風が彼女のショールを浮かせた。とっさに手で押さえたが、ショールは頭から離れた。次の瞬間、彼女の笑顔がこわばる。ファインダーを通して見たサファアの頭には、アラブ人自慢の黒髪はなく、産毛《うぶげ》のような頭髪が生えているだけだった。

白血病治療のための抗癌剤の副作用で、髪の毛が抜け落ちてしまったのだ。そばにいたお母さんは、「治療の薬がなくなってしまったので、仕方なく退院するの」と不安そうな小声で教えてくれた。

湾岸戦争後、白血病や癌《がん》など、それ以前にはほとんど見られなかった患者が病院に押し寄せてくるようになった。急増する白血病に対応するため、一九九三年、バグダッドにある二つの小児病院に白血病専門病棟ができた。湾岸戦争以後、白血病や癌が戦前に比べ一〇倍にも激増した。さらに、新生児の先天的な障害も増え続けている。先天的な障害児の出生率は二六・九％、ざっと四人に一人の比率にもなる。成人の肺癌、肝機能障害、若い母親の乳癌、男性の精子減少症なども急増している。

どうしてこんなことになったのか。原因は、湾岸戦争でアメリカ軍が初めて使った劣化ウラン弾が原因だといわれる。

劣化ウラン弾

劣化ウランは、核兵器や原発用の燃料を製造するため、天然ウランを濃縮する過程で生み出される。

原子力発電所や核爆弾ではウランが使用されるが、天然に産出されるウランの中には利用できる成分（ウラン二三五）はわずかに〇・七％しか含まれておらず、ほとんどを核分裂の起こりにくいウラン二三八が占めている。したがって、原子力発電所や核爆弾で使えるようにするためには、ウラン二三五の割合を増やさなくてはならない。このウラン二三五の比率を高める操作を「濃縮」という。濃縮を行うと、その残りカスが出てくる。これが、劣化ウラン（減損ウラン）である。この劣化ウランの成分は、その約九九・八％をウラン二三八が占める。

半世紀以上に及ぶ核兵器や核燃料の生産過程で生み出された劣化ウランは総計一一〇万トンを越える。内訳はアメリカ四七万トン、ロシア四三万トン、フランス一三・五万トン、日本二千六百トン。これらは放射性廃棄物として厳重に管理し保管しなければならない。そのためには莫大な費用がかかる。

ウランは、自然界に存在する物質の中では比重が最も重い。鉛の、一・七倍もある。核爆弾や原発燃料製造の副産物として生じた劣化ウランのこの「固くて重い」という性質に目を付けたアメリカ兵器産業は、一九七〇年代から兵器への利用を研究しはじめ、戦車の装甲や砲弾に使うことを考えた。兵器として戦争で消

砂漠に落ちていた30ミリ劣化ウラン弾（イラク・クウェート国境非武装地帯）

費してしまえば、保管の手間も省けるというわけだ。

劣化ウラン弾は戦車に命中するとぶ厚い装甲を貫通し、その摩擦熱で一気に燃焼し、乗員を焼き尽くすと同時にエアロゾル（煙霧状）化する。このエアロゾル化した放射性ウランは、気流にのって広範囲に拡散する。米陸軍の野外試験によると、浮遊した劣化ウランの微粒子は二五マイル以上も風下に運ばれることがわかっている。そしてこれが人体内に入れば「ミクロン・サイズの微粒子は数年あるいは数十年肺に滞留し、周辺組織にガンマー線、ベータ線、アルファ線などの放射線を浴びせ続ける。大きな粒子を排除する繊毛運動も、肺胞深く滞留するミクロン・サイズの微粒子を排除するのは難しい。場合によっては、ウラン微粒子が血中に取り込まれ、肺以外の器官に問題を起こすおそれもある。肝臓、肺、生殖器官はこの物質に対してとりわけ脆弱だ」（『劣化ウラン弾』日本評論社）

一方、地上に落ちた微粒子は土壌や地下水を汚染する。戦闘員、非戦闘員、敵、味方を問わず被害に遭う。体内に入れば金属毒と相まって癌《がん》、白血病、肝臓障害、腎臓障害、腫瘍、先天的な障害児出産などをひき起こす。しかも、放射性ウランは遺伝子を傷つけ、何世代にもわたって影響を及ぼす。

劣化ウラン弾の出現は、「戦争の形態を一変させてしまった。いまや第三世界の既存の兵器はスクラップとなった」とアメリカのある戦略家は言ったという。劣化ウラン弾はそれほど強力な兵器なのだ。だからこそ、湾岸戦争後、ボスニア、コソボでも使われ、その被害が次第に明らかになってきている。アフガンへの「報復」戦争にも使われた可能性が強い。

「アメリカが、数十万トンの放射性のウラン廃棄物の処分問題に直面して、他人の庭にこれをぶち込むことによって処理しているのは、嘆かわしい。われわれが彼らの貴重な土地と人を自国の放射性のウラン廃棄物の捨て場として使い、その国を何十億年にもわたって汚染するのは、世界に向かって恐ろしいシグナルを送ることになる」と、アメリカの科学者ミチオ・カクはその非人道性を告発している（『劣化ウラン弾』日本評論社）。

非武装地帯——DMZ

一九九八年一二月初旬、再度イラクを訪れた私は、劣化ウラン弾の使われた証拠が残されているという、国連の監視下にあるイラク・クウェート・サウジアラビア国境付近の非武装地帯（DMZ）に、外国人ジャーナリストとして初めて入ることができた。

国境のイラク側DMZは、イラク軍と保健省が管理している。この取材許可を出してくれたイラク軍のアドゥブル・ワハブ・ジュブーリ将軍が、みずからガイドしてくれた。一八〇センチ以上ある大きな体にふっくらした顔、口の周りにはひげをたくわえ、アラブ人にしては瞳が細く、笑顔はとてもイラク軍の将軍とは思えない優しさをたたえている。彼がイラク南部の都市バスラのサダム教育病院を案内してくれたとき、玄関前に、診察を終えて帰宅しようとしていた、杖をついたヨボヨボの老婆が現れ、通路に立ちふさがってしまった。とっさに、将軍は老婆の腕をとり、外までエスコートしていった。一瞬の出来事であったが、なん

イラク・クウェート国境非武装地帯を監視する国連の軍事監視ポスト

とジェントルマンなんだろうと、感心してしまった。アメリカやイギリスが、イラク軍は極悪非道、まるで鬼か獣のように宣伝しているが、将軍の行動はまったくその対極にあった。

バグダッドから南へ車で八時間。バスラのホテルにチェックインした私は、さっそくジュブーリ将軍の部屋に呼ばれた。彼は、明日の取材先の非武装地帯のことを話し始めた。以下は、彼が説明してくれた非武装地帯の概要である。

非武装地帯は、国境をさかいにしてクウェート側に四キロ、イラク側に一〇キロの幅で設定されている。長さは、サウジアラビアの国境と交わるところまで二〇〇キロに及ぶ。さらに、ペルシャ湾上の四〇キロにわたって続いている。そして、ここは国連（UNIKOM）の管理区域となっている。

私は、米軍の作成したイラク地方の五〇万分の一の地図を広げて説明してもらった。彼はこの地図に興味を示し、ぜひ欲しいと言ったが、一枚しか持っていなかったので残念ながらあげるわけにはいかなかった。一般市民がイラクの地図を手に入れようと思っても、本屋さんには売っておらず、入手不可能だ。ガイドの必備アイテムなのに、将軍ですら欲しがってしまうのは、地図自体がここでは軍事目的に結びつくとして機密指定されているのかもしれない。以前訪れたロシアでも、同じように地図を手に入れることが容易ではなかったことを思い出す。その禁じられた地図、ましてアメリカ国防省作成の地図（日本では紀伊国屋書店など大きな書店に行けば手に入る）を外国人ジャーナリストが持っていれば、通常はスパイだと疑われても仕方がないかもしれない。だが、ジュブーリ将軍は私を信頼し、親切丁寧に説明してくれた。

翌日早朝、ホテルを出発し、昨夜説明を受けた非武装地帯へ向けて車を走らせた。バスラ市街を抜けて南西にしばらく行くと、非武装地帯に入る。簡単なイラク軍の検問を抜けると、ルメイラ油田の黒い帯のようになった黒煙が真っ青な砂漠の空を覆っている。

ここの石油は経済制裁のため輸出できず、四六時中燃やされ続けているのだ。戦争前は日産三〇〇万バレルを輸出していたが、今は一日一〇〇万バレルがむなしく燃やされ続けている。道路脇に、半分砂に埋まったイラク軍戦車の残骸が残っていた。

油田の施設のはずれに白ペンキで「UN」と書かれたブルーのドラム缶が無造作に置かれている。ここから、非武装地帯が始まることを示している。西方にはパイプラインがサウジアラビアの国境まで延び、並行してハイウェーが走っている。

サウジアラビアの国境に向かって車を走らせると、破壊されて真っ赤に錆びた戦車が無惨な姿をさらしている。ソ連製のT55、T62戦車、そしてアラブ最強と言われたイラク共和国特別防衛隊のT74戦車もある。

近寄ってみると、数センチもある分厚い装甲に直径四、五センチの丸い穴が空いていた。放射線測定器を近づけると、数値がどんどん上がっていく。たちまち通常の一〇倍以上の値を示した。劣化ウラン弾が命中した跡だ。

だいたい、通常弾ではとても戦車の装甲にこんな丸い穴など開けられない。まるで、柔らかい粘土に棒で勢いよく突き刺したような穴が開いている。劣化ウラン弾のすさまじい破壊力をまざまざと見せられたように思った。

非武装地帯の入り口。ドラム缶に書かれたＵＮのマークは、ここから国連監視下に入ることを示している。

地上戦

この砂漠地帯に放置されている破壊されたイラク軍の戦車は、一一年前の多国籍軍の爆撃と地上戦によって破壊されたものだ。当時、イラク軍は、兵力五〇個師団五六万人、戦車四千三百台、装甲車二千九百台、火砲三千門がユーフラテス川以南のイラク領とクウェート領に展開していた。

ところが、アラブ最強と言われたイラク軍は、アメリカを中心とした多国籍軍の攻撃を受け、大した抵抗もせず壊滅状態になってしまった。この戦争でのイラク軍の損失は、戦死者・行方不明者一万二千から一万七千人（米軍は一四六人）、捕虜五万人（米軍は一六人）、そして航空機一五〇機（米軍は五四機）、車輌三千四百台（米軍は六七台）、火砲二千二百門が破壊された。この攻撃で決定的な力を発揮したのが、劣化ウラン弾だったのである。

「米軍機や米英の戦車が発射した劣化ウラン撤甲弾は、イラクが戦闘中失った戦車の三千七百両のうちおよそ三分の一を破壊した。劣化ウラン弾によって破壊された大砲や装甲兵員輸送車両その他の装備は数千にのぼる」（『劣化ウラン弾』日本評論社）。その多くが、この砂漠地帯に放置されているのだ。腹を見せてひっくり返っているものもある。その破壊力の凄まじさは一〇年以上たった今もひしひしと伝わってくる。

国境に沿ってさらに西に走ると、ポンプステーションがあった。ここはサウジアラビアに送り出す原油を

30ミリ劣化ウラン弾が命中し、丸い穴が開いたイラク軍戦車（イラク・クウェート国境非武装地帯）

加圧するための施設だ。湾岸戦争時、ここも徹底的に破壊された。連日、米軍のA－10サンダーボルト対地攻撃機やF－15ジェット戦闘機がさまざまな爆弾を落としていったという。

米陸軍環境政策局によれば、大口径の劣化ウラン弾一四〇〇発以上が湾岸戦争で消費され、A－10サンダーボルト対地攻撃機に装備されたガトリング砲などからは三〇ミリ劣化ウラン弾が九四万発も発射された。その他、巡航ミサイル・トマホークにも劣化ウラン弾が使われた。その使用総量は三〇〇トンから八〇〇トンに上るという。

「広島に落とされた原爆の一万四千倍から三万六千倍の放射能原子がペルシャ湾岸地方にばらまかれた。長期にわたって広島原爆の二万倍から三万倍の放射能が住民を襲うのである。ウランの放射能半減期が四五億年であることを考慮すると、イラク、クウェートの住民は永久に健康障害に苦しめられるのである」（日本平和委員会発行『平和運動』一九九七年七月号所収「放射能兵器劣化ウラン」）と矢ヶ崎克馬・琉球大学理学部教授はその危険性を指摘している。

施設内で、三〇ミリの機銃弾が転がっているのを見つけた(一二五ページ写真)。黒く酸化した機銃弾は半分砂の中に埋まっていた。放射線測定器を近づけると通常の一〇〇倍以上の値を示し、今も環境を汚染し続けている。近くにあった棒でひっくり返してみると、黒い弾丸の一部が黄色い粉をふいていた。ガイガーカウンターを近づけると、針が勢いよく跳ね上がり、警報音は悲鳴に近い音を鳴らした。

帰国後、野口邦和日本大学助教授(放射線防護学)に尋ねると、黄色い粉は「ウランの酸化物ではないか」ということだった。バグダッド大学環境工学博士のソアード・アルアザウィ助教授らの調査によれば、「トリウム二三四やラジウム二二六が検出され、これらはウラン二三八(劣化ウラン)の核崩壊過程で生まれる天然には存在しない核種」(伊藤政子「劣化ウラン弾の環境への影響」、『技術と人間』二〇〇一年一〇月号所収)であり、高いところではトリウム二三四が六五二〇〇ベクレル/キログラムも含まれていたという。

ポンプステーション内を案内をしてくれた警備の兵隊は、裸足にゴム草履を履いているだけで、防護服など身につけていない。悲しいことに、同僚の警備兵が何人も癌《がん》で亡くなっているという。彼らは、ここが放射能で汚染されていることを知らされていないのだろうか。

さらに、同行していた文化情報省のガイド、ワハビさんは、「これが劣化ウラン弾だったのか。子どもたちがおもちゃにして遊んでいる姿をよく見かけた」と初めて劣化ウラン弾と知って、大きなショックを受けていた。その子どもたちの身にどんなことが起こっているのだろうか。想像するだけで恐ろしい。

砂漠のトマトとキノコ

ここは米英軍が使用した劣化ウラン弾による「放射能汚染地帯」として国連から指定されており、イラク側では国防省と保健省の合同管理下に置かれている立ち入り禁止地帯でもある。ところが、今なお立ち入り禁止区域であるはずのそこには、意外なことに、悠然と農業を営む人々が暮らしていたのだった。

バスラから西の非武装地帯に入ると、砂漠地帯が延々とつづく。しかし、ところどころに、アシでつくった防風垣で囲われた緑の畑が見えるではないか。砂漠の真ん中にアシなど生えているわけはない。聞くと、この地の農民たちが一〇〇キロ以上離れたユーフラテス川の低地帯から運んできたものだという。

ここの人々は、戦争なんかおかまいなしに井戸を掘り、畑をつくり、作物を育て、砂とたたかいながら、ずっとイラクの人々の命を支える食糧を生産しつづけてきたのだ。

今年八〇歳だというムハンマド・アルワンさんは、この農園の長老だ。この村には二家族一二人が生活しているという。村の名前を聞くと、「そんなものはない」といった。

ムハンマドさんが所有している土地は二千五百アール。トマトを中心に小麦、ブロッコリー、ネギ、豆などを栽培している。ほかに羊一五頭、アヒル五羽、何年型かはわからないが古い米国製シボレーの真っ赤なトラック、地下水を汲み上げる日本のヤンマー製のポンプ――これが財産のすべてだ。

「冬でも日中は一七、八度、夜間は三、四度なので、甘いトマトができるんだ」白髪混じりの自慢のヒゲをなでながら、日焼けした顔をほころばせてムハンマドさんが言った。三〇キロ入りの箱で年間千五百から二千箱のトマトを出荷しているという。ここでできたトマトは、イラク全土に出荷される。しかし――ここのトマトは汚染されていないのか？

後日、サダム教育病院の癌《がん》専門医ジャワード医師に尋ねると、「確かに汚染されている可能性は十分あります」といった。ということは、イラク全土に汚染を広げていることになる。そして、もっと心配なことは、砂漠に生えるキノコなのだと同医師はいった。二月頃に生えるマッシュルームに似たキノコは、イラクの人々の好物なのだという。これが、町の市場で売られているのだ。キノコはチェルノブイリ原発周辺でも最も放射性物質を取り込んでいるということを聞いたことがある。

ムハンマドさんの家に入れてもらった。土を乾燥させて作った粘土を積み上げただけの粗末な家だ。八畳ほどの部屋に家具などなにもなく、じゅうたんを敷き詰めただけだが、外の熱射を防いでとても快適だ。この部屋に、六人の家族が生活している。壁にはフセイン大統領の写真が貼ってあった。「湾岸戦争の前は政府から農薬や肥料の援助があったが、経済制裁でそれもほとんどなくなっている。だから、自分たちでアンマンに行って調達してくるのだ」とムハンマドさんはいったが、「経費ばかりかかって、たいしてもうからないよ」とそばにいた息子のワーシムさんがぽつりといった。遠くには、ルメイラ油田の黒煙が真っ青な空を覆っていた。

突如、青黒い砂漠の空にジェット機の爆音が響きわたる。米軍の偵察機だ。ここは、米英が決めた飛行禁止空域なのだ。農園にいると、この地が今もなお戦場であるということをしばし忘れてしまう。立ち入り禁止の非武装地帯で、昔と変わらずに土地を耕し、作物を育て続けている人たち。彼らは何も変わらない。国や政治が勝手に変わり、環境も一変した。

放射能に汚染された大地と、そこで育つトマトやキノコ。湾岸戦争はまだたしかに終わってはいなかった。

ベドウィン

昨年（二〇〇一年）末、諦めかけていた再度の非武装地帯の取材が許可された。今回は外務省のワリード氏がジュブーリ将軍と連絡を取ってくれ、彼から直接許可をもらってくれたらしい。イラクでは一般市民が軍の高官と接触することは全くといっていいほど不可能なのだ。幸い、前回会ったときに彼の事務所の連絡先を聞き出していたので、外務省のワリード氏にも連絡が取れたのだ。しかし、許可の出た日はイラク滞在八日目。しかも、許可日は翌々日。イラクで一〇日以上滞在するには、あと二日以内にビザの延長をしなければならない。非武装地帯の取材のためバスラに行ったら、最低三日は必要だ。期日までにビザの延長はできない。でも何とかなるだろうと思い、罰金覚悟でバスラ行きを決行した。

非武装地帯の取材は二度目だ。今回はイラクの保健省放射線防護センターから、ジアダメル・サルマン氏とムハンマド・ハレム氏が調査のため同行した。彼らの調査では、この砂漠地帯はバグダッドに比べ一〇倍も汚染されているという。さらに、バスラからアメル陸軍中佐がガイド役で同乗。加えて軍の小型トラックが、二人の兵士を乗せて先導してくれた。

今回いちばん撮りたかったのは、汚染地帯でのベドウィンの生活だった。しかし彼らに出会うのは容易ではない。彼らを見つけるには、猛スピードで走る車から外を見つめ続けなければならない。

彼らは「砂漠の民」と呼ばれ、自由に移動しながら羊を放牧している。定住していないので、どこにいるのかわからない。出会うためにはできるだけチャンスを増やすしかない。非武装地帯の取材許可は一回、それも一日だけ。車で走りながら、たまたま道路の近くに彼らがいる時に目に留まったベドウィンを撮影するだけ、選ぶゆとりはない。

前回の取材の時には、破壊された戦車の部品を盗んで町で売っているという家族に出くわした。彼らは砂まみれになって、埋もれた戦車の下に潜って高熱で溶けたアルミの塊を取り出していた。もしこれが劣化ウラン弾で汚染されていたら、直接彼らも被曝し、汚染された戦車の部品を町に売りに行けば、そこでさらに汚染を広げることになる。

今回は、幸いにも二組のベドウィンに出会うことができた。私はこの時とばかり、車から飛び降り、彼らの所に走っていった。女性が羊を追いながら、私から遠ざかって行こうとしていた。私は前方から彼女の姿を撮りたかったので、必死に追いかけ前に出ようとした。その時、前方から男がなにやら大声で叫びながら私の方に走ってきた。同時に、私の後方から銃声が数発聞こえた。思わず立ち止まって振り向くと、車の外で待機していた兵士の一人が空に向かって威嚇射撃をしたのだった。もう一人のがっちりした兵士が私の方に突進してきたかと思うと、私を追い越し、数メートル先に出て、私の方に向かってきたベドウィンの男を引き倒した。事情の飲み込めない私は呆然としているだけだった。

事情を聞くと、ベドウィンの男は私に自分の妻がさらわれてしまうと思い、私に向かって突進してきたのだという。そこで危険を感じた兵士が威嚇射撃をし、がっしりした兵士がベドウィンの男を組み伏せたのだった。その後、事情を説明し、ベドウィンにも納得してもらうことができ、羊を追っている夫婦の姿を撮影させてもらうことができた。

ところが、こうした小事件が持ち上がっていたのに、ガイドのアマル中佐は車から降りてこなかった。劣化ウラン弾での被爆を恐れているのかと思っていたら、地雷の危険があるので外に出なかったらしい。撮影が終わって車に戻ると、厳しい顔を私に向けてきた。

「ここには地雷がたくさん埋まっている。アメリカ軍とイラク軍両方が埋めた。先月も、ベドウィンの子どもが被害にあって、ヘリコプターでバスラの病院に運ばれた」と中佐は言った。砂漠の汚染の全体像がつかめないのは、地雷原があって危険で立ち入ることができず、調査がすすまないことも大きな理由の一つだということだった。

たくさんのベドウィンが地雷に触れて被害にあっている。そういえば、地雷原を爆破して追撃ルートを切り開くアメリカ軍の姿をレポートした本を読んだことがあった。私自身は、劣化ウラン弾を捜すことや、ベドウィンの写真を撮ることに夢中で、地雷のことは頭の片隅に追いやられ、全く危険を感じなかった。しかし、私を見ていた中佐はハラハラしていたらしい。

子ども専用墓地

イラク・クウェート国境の非武装地帯からバスラに帰り着いたのは、夕陽が沈みかけた頃だった。ダウンタウンにさしかかると、情報省のガイドのムハンマドがちょっと寄っていこうと車を止めた。窓から、ゴミだらけのほこりっぽい広場で子どもたちがサッカーボールを追いかけている、イラクではどこでも見かける光景が見えた。しかしムハンマドが見せたかったのは、その広場の向こうにある墓地だった。湾岸戦争後にできた子ども専用の墓地だという。赤ちゃんから一〇歳までの死者が埋められている。

墓地の入り口近くに、若い夫婦が墓参りに来ていた。よく見ると、小さな土饅頭の上にタイルの破片でできた粗末な墓標が乗せられていた。墓地は隙間なく掘られ、先ほどから歩いていたところが土饅頭の上だったのだと気づき、思わず合掌してしまった。

夕焼けに染まる墓地の隣の広場では、子どもたちが裸足でサッカーに興じている。いま歓声をあげながらボールを追いかけている子どもも、いつここに眠ることになるかわからない。貧しい子どもたちの運命を見てしまったようで、悲しみがこみ上げてきた。

私がカメラを提げて墓地から出てくると、子どもたちにつかまってしまった。イラクの子どもたちはカメラを見つけるとどこでも集まってきて、パニック状態になってしまう。彼らを納得させるためには、シャッターを何度か押すしかない。先ほどの感傷的な気持ちは、押し寄せて来た元気な子どもたちによって一気に吹き飛ばされてしまった。

帰国後、現像があがったフィルムをルーペでのぞいた時、子どもたちの姿と、その背後に墓地の写ったこの写真には、子どもたちの生と死が同時に写っているような気がして、思わずぎょっとしてしまった。写真とは、無意識のうちに撮影者の意志を反映してしまうものだと改めて感じたのだった。

翌朝、私はタクシーをとばして再度、墓地に行ってみた。昨日いた子どもたちは一人も見かけなかったが、墓の中央で男が一人、スコップで土を掘っていた。男は墓掘り人だった。これから二人の子どもが埋葬されるのだと言う。すでに直径五〇センチぐらいの小さな墓穴が二つ掘られていた。毎日、四、五個は掘っているという。墓標を数えてみたが、延々と続いていて数え切れなかった。千や二千ではない。墓掘り人も、管理人がいないので数はわからないと言う。

昨夜乗ったタクシーの運転手が言っていた「この国では子どもがたくさん死んでゆく」という意味が、はっきり分かった。

経済制裁の影響

アラブ諸国の中でイラクは、経済の面では石油依存から農業国、工業国として自立する経済政策が成功しつつある優等生的な国であった。近代的ハイウェーが全国に張りめぐらされ、能力があれば誰でも大学まで無料で行けた。医療費はほとんど無料だった。医療水準も高く、隣のヨルダンやクウェートからも治療に来

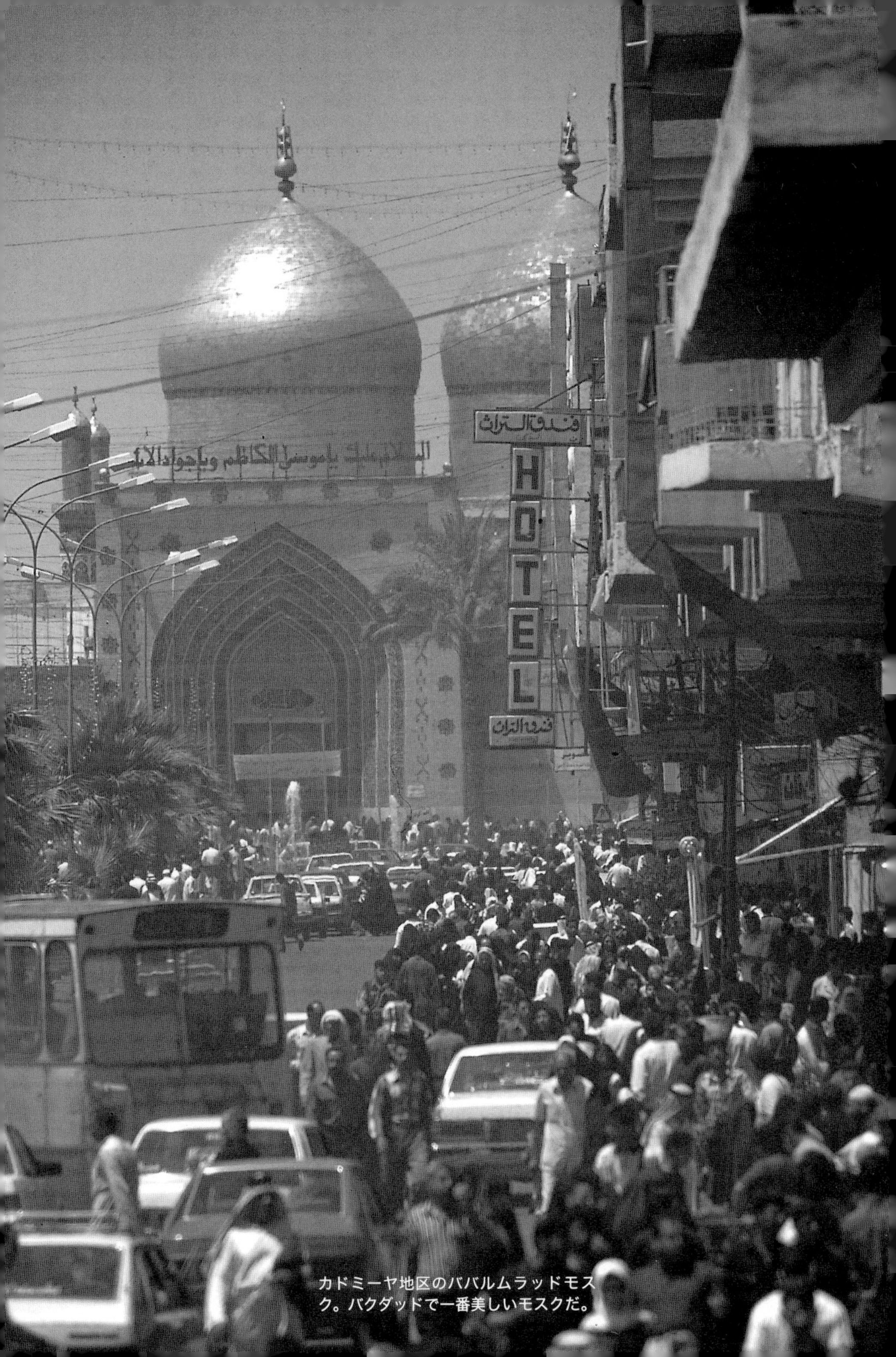

カドミーヤ地区のババルムラッドモスク。バクダッドで一番美しいモスクだ。

るほどだった。女性の社会的地位もアラブ社会の中ではトップクラス、首都バグダッドはアラブ諸国の中でも最大の近代都市として発展した。しかし、一九八〇年代に八年間にわたって続いたイランとの戦争、続く九一年の湾岸戦争で、イラクの経済は破綻してしまった。さらに、湾岸戦争後の国連の経済制裁は激しいインフレを引き起こし、極度の物価の上昇がイラク市民の生活を直撃している。例えば、小麦は戦前の一万一千倍に値上がりしたが、公務員の給料は五〇倍にしかなっていない。失業者は街に溢れ、学校に行けない子どもたちは街頭で物売りをして家計を助けている。

農業を奨励した政策は農民の勤労意欲を高め、生産性をあげたが、湾岸戦争後の経済制裁により、家畜の飼料不足や農薬の不足、爆撃による灌漑施設の破壊などで、大幅な生産減に陥ってしまった。物価は高騰し、低所得者層の家計を直撃した。「バナナを知らない子どもが増えている。一昔前まではバナナは普通の果物だった。今は庶民には高くて買えない」と教えてくれたのは、ニューバグダッドに住むある友人だ。

こうして、いつも空腹を抱えている子どもたちが増えている。国連のWHOは「イラクはアフリカのどの飢餓地帯よりも栄養状態が悪い」と指摘している。

さらに、浄水用の塩素剤、殺虫剤も、化学兵器の原料になるという理由から輸入できず、水道水から大腸菌が検出されるなど衛生状態が悪化している。栄養状態がきわめて悪いため、下痢や風邪など日本では簡単な病気でも、抵抗力の弱い子どもでは死と直接結びついてしまう。

かつて米国の司法長官をつとめ、湾岸戦争後はイラク制裁の非人道性を告発する国際運動を続けているラムゼー・クラーク氏はその著書『ラムゼー・クラークの湾岸戦争』(邦訳、地湧社)の中で「爆撃による直接的な非戦闘員の人的損害は多数にのぼる。だがその死者の数がこの戦争の本当の恐怖を教えてくれるわけではない。市民生活を支えるシステムが破壊され、経済制裁が解除されないため、戦争の直接的被害による死者よりも、戦後に死んだ者の方が多いのである」と記している。

貧困層の増大によって、イラクでは現体制批判勢力は消滅してしまったと言われている。体制批判勢力はこれまで知識階層が担っていた。しかし、経済制裁による経済破綻は、知識階層をも消滅させてしまったのだ。わが子に今日食べるパンを手に入れることさえできない人々に、どうして体制批判をするゆとりがあろうか。

アメリヤシェルター

一一年前の一月一七日、私がイラクへの空爆の第一報を知ったのは、その日の朝、自宅の車庫から車を出そうとしている時だった。カーラジオからは、英語の勉強も兼ねていつも聞いているFENのニュースが流れていた。いつもの調子とは違って、アナウンサーの興奮したしゃべり口調が印象に残っている。まるでマシンガンから発射されるようなアナウンサーの英語はいつもあまり聞き取れないのだが、この日だけは、イラク、バグダッドという単語とともに、ボンビングという言葉が聞き取れた。東京・日野市のわが家の上空は数日前から横田基地を離発着する飛行機の爆音が激しくなった。そんなことを今、東京の自宅から何千キロも離れた、バグダッドの犠牲者の鎮魂のために爆撃を受けた当時のまま保存されているアメリヤシェルターで鮮明に思い出していた。

このアメリヤシェルターでは、一九九一年二月一三日、ミサイルの攻撃によって避難していた市民一五〇〇人が犠牲になった。その市民の多くは子どもであった。火の手が上がり、内部は五〇〇度以上の高熱になった。給水用タンクが破壊され、避難していた地下室はプールのようになり、火災による熱で水は熱水となり、閉じこめられた全員が焼け死んだ。壁や天井には、犠牲になった子どもたちの皮膚や髪の毛が張り付いている。薄暗い地下室の壁に耳を当てると、今も子どもたちの「熱いよー、助けてー、お母さん！」という叫びが聞こえるような錯覚を覚える。

当時、湾岸戦争のニュースでは、テレビカメラをつけたトマホーク・ミサイルが標的に当たるまでの映像を、繰り返し見せられた。ピンポイント攻撃で正確に敵の目標物を破壊している、と。まるでテレビゲームを見ているごとくリアリティーがなかった。

ハイテク兵器が使われれば使われるほど、戦争の残虐性はテレビから隠されてゆく。その映像からは、バグダッドの空の下で起こっていることを想像することすらできなかった。爆弾が降り注ぐその下に、市民の暮らしがあり、罪なき人々が殺されていたのだ。

四二日間に及ぶ激しい空爆で、イラク全土が廃墟と化した。多国籍軍の中心である米軍の出撃回数は一〇万九〇〇〇回。投下された爆弾は八万八五〇〇トン。非軍事施設も徹底的に破壊しつくされた。政府機関、郵便局、電話局、ラジオ、テレビ局、橋、道路、民間空港、鉄道、病院、大学から幼稚園までの各種の学校、障害児施設、孤児院、図書館、博物館、アパート、民家、食糧備蓄倉庫、市場、ミルクプラント、粉ミルク製造工場、スンニ・シーア両方のモスク、キリスト教の教会、歴史的遺跡、農業灌漑施設、畑、浄水場、発電所、ダムなどあらゆる公共施設、あらゆる石油関連施設、あらゆる分野の工業施設……。

アメリカは、非戦闘員の人的損害を避けるためピンポイント爆撃で軍事関連施設のみを正確に攻撃した、とたびたび言明した。しかし事実は、破壊された施設を見れば明らかであり、直接的に人命を狙った攻撃とともに、上水道や食糧備蓄倉庫、電話局、病院など非軍事施設の破壊により市民生活の麻痺も狙ったのだった。アメリカはサダム・フセインを狙っていたと言うが、いまだに健在だ。こんな話を聞いたことがある。「サダムを殺してしまってはアメリカの攻撃の口実がなくなってしまう。だから絶対にサダム・フセインは安全だ。だって、アフガニスタンでもオサマ・ビンラディンを捕まえなかったろう」と。

白血病のサアド

サアドの家は、バグダッドの比較的貧しい人々の住むサダムシティーにある。ほこりっぽい大通りは、羊や荷車と一緒にバスやタクシー、オンボロのトヨタのトラックが走っている。サアドの家は、そんな大通りから一歩入ったレンガを積み重ねた家並みの続く端っこにあった。

サアド（一九八六年生まれ）の両親と兄弟姉妹を紹介しよう。父ジュワード・カダム（六三年生まれ）は国営石油公社の運転手。母はワファ（六七年生まれ）、兄ムハンマド（八四年生まれ）は親の仕事を手伝うため小学校五年生で学校をやめてしまったという。現在は兵役中。姉メースン（八五年生まれ）は歳下の弟妹の面倒を見ている。弟バルサン（九一年生まれ）は小学校四年生。妹ジョルナル（九三年生まれ）は小学校二年生。その下に妹ナオラス（九七年生まれ）と妹ナルギス（九八年生まれ）がいる。全部で九人の大家族だ。

サアドの家に初めて行ったのは、一九九八年四月のことだ。冒頭で紹介したイラクの子どもたちに医療支援をしている伊藤政子さんと一緒に訪ねていった。伊藤さんは以前、マンスール小児病院で白血病治療中のサアドと知り合ったのだという。この時も伊藤さんは、彼ら白血病の子どもたちのために治療薬二百万円相当をイラクに持ってきていた。

私が訪ねたこの日も、サアドは三日前に高熱を出し、ひどい貧血状態に陥っていたが、輸血を受けて回復したという。しかし立っているのも辛そうな顔は、青白く元気がなかった。

湾岸戦争時、アメリカ軍やイギリス軍が毎日バグッ

バグダッド市内の「アリババと40人の盗賊」の像。近くに政府関係の建物があるからと、撮影を制限された。

ダド市内を爆撃した。サアドが住むサダムシティーも例外ではなかった。赤や黄色、白の煙の出る爆弾を投下していった。戦争が終わると、爆撃されてできた広場は子どもたちの格好の遊び場になっていた。

サアドの悲劇は二年前（一九九六年）ここで突然始まった。全身の力が抜け、歩けなくなってしまったのだ。お母さんが駆けつけて抱き上げると、サアドの体は高熱でぐったりしていた。意識もモウロウとしてすぐに近くの病院に入院したが、肺炎を起こし、死線をさまよった。白血病だった。医師の懸命な治療と家族の愛に支えられて「奇跡的」に助かり、二カ月後に退院した。しかし、その後も再発を繰り返し、そのたびに入院したが、それもお金があるときだけだった。両親は治療費を工面するのに必死だった。

最初に訪問したさいに案内された部屋は、庭の地面より数センチ低い土間に薄汚れた絨毯《じゅうたん》が敷かれ、あまり清潔とはいえない部屋だった。それでも八畳ほどの部屋にはソファーやテレビ、冷蔵庫があったが、半年後に再訪したときにはがらんとなっていた。冷蔵庫だけはサアドの薬を保管するために必要なのでかろうじて残されていたが、あとは薬を買うために売ってしまったのだ。一時失業していた父親も、最近ようやく職に就《つ》けた。以前働いていた国営石油公社が、運転手として再雇用してくれたからだ。それまでは、町に出てサンドイッチを売って、少しでもサアドの薬代の足しになればと、必死で稼いだと言う。

サアドの近くに住む子どもたちの中にも白血病にかかっている子どもがいるという。しかしサアドのように、少し症状がおさまると退院してしまう子どもたちが圧倒的に多い。病院に居ても薬がないからだ。帰り際、「大きくなったら医者になりたい」とサアドが恥ずかしそうにぽつりと言った。彼の夢を家族はかなえてやりたいと思っている。だが、いまのイラクにはサアドの夢をかなえてくれる平和はない。

少年の心に芽生える復讐心

昨年（二〇〇一年）末、またサアドの家を訪ねた。いつもだと近所の子どもたちが、日本人が来た、と物珍しそうに集まってきて大騒ぎになってしまうのだが、

バグダッド市内を流れるチグリス川

どういうわけかこの時は数人の子どもが集まってきただけだった。

　鉄製の扉を開けて庭に入ると、お姉ちゃんのメースンが一番下のナルギスをだっこして出てきた。胸もふくらみ、少女から大人っぽくなっていた。サアドはその後から、お母さんのワファと一緒に少しはにかみながら出てきた。彼もすっかり大人っぽくなり、口の周りにはうっすらと髭《ひげ》が生えてきていた。少年から青年になろうとするサアドは体格もしっかりしてきており、血色も良かった。突然の訪問だったが、家族みんなが歓迎して庭に出てきた。お兄ちゃんのムハンマドだけは徴兵で軍隊に行っていて会えなかった。

　サアドの白血病はその後、一年前から薬を飲まなくてよくなり、三カ月に一度通院して医師の診察を受け、様子を見てもらうだけでよくなったという。お父さんのジュワード・カダムが、部屋の中に招き入れてくれた。相変わらず家具を売り払ってがらんとした部屋だったが、サアドが回復に向かっているということで、家族の一人ひとりが明るい表情になっているような気がした。

この家族にも明るい光が射し込んできたような気がして、以前、サアドの将来の夢を聞いたのだが、もう一度聞きたくなった。前は医者になりたいと言っていたが、その夢をまだ持ち続けているのかと思ったら、意外な答えがサアドの口から静かに語られた。

「空軍のパイロットになってアメリカと戦いたい、復讐をしたい」というのだ。

入院中に同じ病室の白血病の子どもたちが何人も亡くなっていくのを見てきた彼は、その原因が米軍の劣化ウラン弾によるものだということを知っていたのだ。そして、自分の白血病の原因も米軍の爆撃によるものなのかもしれない、と。

私は複雑な気持ちにさせられた。「復讐では何も解決しないんだよ」と教えたところで、いまの彼に何の説得力もないことがわかっていた。こうして少年の心に育った復讐心は、大人になっても消し去ることはできないかもしれない。

ボロボロの机と教科書

バグダッドのサダムシティーは、比較的貧困層の人々がたくさん住んでいる地域だ。その中にあるアル・クレファ小学校を訪ねた。児童数一九八五人。日本の平均的な小学校の三、四倍はあるマンモス校だ。教室が足りないので、午前と午後の二部制。午前は女子（一〇〇〇人）、午後は男子（九八六人）の男女別学になっている。一クラス六〇人前後、三〇クラス、教師三八人。サダムシティーでは中規模の小学校だという。

昨日まで降り続いていた雨が上がった校庭は、半分以上が水に浸かり、子どもたちの遊ぶスペースは無くなっている。バスケットボールのゴールはネットが無く、ボードは半分壊れていた。教室には電灯が無く、窓の小さな教室の奥は昼間でも薄暗い。教室の中を見回すと、窓ガラスはほとんど割れ、ビニールシートを張っているところもあるが、すきま風が容赦なく吹き込んでくる。天井の壁は剥《は》がれ落ち、雨漏りがシミになっていた。電球のない照明器具が錆ついてぶら下がっている。むき出しのコンクリートの床には大きな亀裂ができ、ベニヤの合板でできた机は端から剥がれてささくれだっている。冬は上着を着たまま過ごせばよいのだが、夏は四〇度をこす暑さの中でどうやって過ごすのだろう。そんな悪条件の中でも、子どもたちは元気に授業を受けていた。

私が教室に入ると、教室が一瞬緊張し、授業が中断したが、すぐに再開した。当番が号令をかけ、大きな声で唱和を始めた。「イスラムの勝利と平和を願っています」「ありがとう、サダム・フセイン」という意味だという。これは教師が言わせたのだが、こうした唱和は以前にもバスラの小学校を訪れたとき全校生徒が一斉に唱和しているのを聞いたことがあった。

低学年のクラスでは、机が足りず、黒板と机の間の床に座ってノートをとっている子どももいる。教師が不足しているためクラスを増やすことができず、子どもたちがすし詰めになっている。経済制裁下で、公務員の給料は非常に低い。教員も同様で、給料だけでは生活していけないため、教員になり手が少なく、慢性的な教員不足だ。たいがいの教員は別にアルバイトをしている。例えば英語の教師の月給は約一万イラク・ディナール（日本円にして約七二〇円。年齢や地域によって差があるが、バグダッドでランチを三回食べれば無くなってしまう額だ）の低額で、そのため午後からは金持ちの家の家庭教師等をしたりして稼いでいる。

英語の教師などはそれができるが、体育などの教師は家庭教師の口がないので、町で物売りをしたり、タクシードライバーとして働いている。このように安い給料では食えないので、教師が辞めていく。教師の教育意欲の低下と貧困が原因で、不登校の子どもが多くなっている。六年生になっても自分の名前が書けない子どももいる、とファーティマ・ラティーフ校長が話してくれた。

少女たちの大きく真っ黒な瞳を見ていると、昨年、アフガン難民の働くパキスタン国境の町ペシャワールのレンガ工場で出会った少女、ブシミナちゃん（六歳）のことが頭に浮かんできた。彼女は父親と一緒に、すさまじい土煙の中で一日中働いていた。彼女は一度も学校に行ったことがなく、学校の意味さえ知らない。そんな彼女より、ここはまだましなのかもしれない。

誕生日を知らないムハンマド

毎週金曜日は、イスラムの日曜日にあたる。バグダッド市内の有名なモスク、ババルムラッドにはたくさんの信者が礼拝に訪れる。タマネギ型の塔の上のラウドスピーカーから礼拝に来るように呼びかける「アザーン」の大きな声が聞こえ、四カ所のモスクの入り口はたくさんの信者でごったがえしていた。

その中に、ほこりまみれの裸足の子どもたちが数人でポケット型のコーランを売り歩いている。その一団の中にムハンマドと姉のゾラ（九歳）もいた。ムハンマドの髪の毛はほこりっぽくてぱさぱさだ。手の甲は乾燥してひび割れている。ムハンマドの家族は六人、父はサンドイッチを売っている。二人は家が貧しくて、学校に行けない。ムハンマドは自分がいくつなのかも知らなかった。家族から誕生日を祝ってもらったこともないのだ。姉のゾラは、ムハンマドの年は八歳だと後で教えてくれた。

破れかけたズボンのポケットには、コーランが二冊入っていた。一冊一〇〇イラク・ディナールで売る。三冊売ると一〇〇イラク・ディナール（約一〇円）もらえるのだ。

インタビューをはじめてすぐ、ムハンマドの目が絶えずあたりを警戒しているように落ち着きがないことに気づいた。次の瞬間、子どもたちがクモの子を散らすように駆け出していた。振り向くと、ゴム製のムチやチェーンを持った大男の警官が子どもたちに襲いかかっている。

警官は、この周辺に集まる物売りの子どもたちを追い払っているのだ。子どもたちと警官のイタチごっこは際限なく続けられる。

二〇〇一年から社会福祉省は、外国人が多く行き交うような所からストリートチルドレンの締め出しを行っているのだという。見つかれば、つかまって施設に入れられる。自由気ままに過ごしてきた彼らにとって、施設で過ごすことは牢獄につながれるのと一緒だ。こうして外国人が専用に宿泊するシェラトンやパレスチナなどのホテルの近くでは、子どもの姿は全く見かけなくなってしまった。以前はたくさんの子どもたちが

誕生日を知らないムハンマド

誕生日を知らないムハンマド。この直後、警官が彼らをゴムの鞭を持って追い払った。

物乞いに来たのに。

モスクを中心にバザールが取り巻いている。このバザールの野菜売場でソラマメを売っているのは、ジャバル（一四歳）だ。毎日朝七時から夜九時までここで働いている。ジャバルは学校をやめてしまった。貧しい家庭を助けるために、仕方がなかった。ジャバルの家族は二五人、一六人兄弟の末っ子だ。兄たちは結婚して一緒に住んでいる。でも来年は、兄の一人が兵役から帰ってくるので、また学校に戻れる、と嬉しそうに言った。

毎日ジャバルが売る豆は、兄のサバル（二五）が農家から仕入れてきてくれる。一日、七五〇から一〇〇〇イラク・ディナールの稼ぎになる。豆の時期が終われば、他の野菜を売る。「ここで働くのは楽しいし、お金がもうかるから」と大きな目をくりくりさせながら話してくれた。周りの大人たちは、インタビューの最中、肩に掛けた私のカメラにさわって、「早く、俺たちの写真を撮ってくれ」と自分の商売そっちのけで催促していた。イラクの人たちはみな写真好きだ。

七歳の少女ファーデル

ファーデルのお腹は、臨月を迎えた妊婦のようにふくれ上がっている。その下腹部に何本もの注射針が差し込まれ、溜まった体液を抜き取る治療が行われていた。医師が針の位置を動かすたびに、痛みで顔がゆがみ、悲鳴が廊下にまで響いた。

彼女は五カ月前、骨髄癌《がん》でバグダッドのマンスール小児病院に入院した。「すでに内臓に転移して、手の施しようがありませんでした。肝臓や腎臓が腫れ、腹水がたまっているのです。いまの私たちには手の施しようがありません」と担当のサルマ・ハッダード医師（四五）は言う。少しでも苦痛を和らげようと苦肉の策で、お腹にたまった水を注射針で抜くことぐらいしかできないのだと口をゆがめた。

ファーデルの父親は、彼女の悲鳴に耐えきれず廊下に出てきてしまった。「お金をください。日本に連れていって助けてください」と細い声で私に訴えた。私はただじっと彼の手を握りしめることしかできなかった。失業中の父親には、娘を助けられる経済的力が全くないのだ。毎日の食事にもこと欠く親たちに、自分で薬を手に入れるすべはない。それは、彼だけでなく、多くのイラク国民も同じなのだ。

半年後の九八年一二月、私はこのとき撮影した写真を持ってもう一度、マンスール小児病院を訪ねた。ファーデルちゃんの写真を見せると、「この子はあれからすぐに亡くなった」、さらに他の子どもたちの写真を手渡すと、「この子も、この子も亡くなった」と医師たちは平然と言った。死が日常化している。病院では「毎日四〜六人の子どもが亡くなっていきます」とも言っていた。

子どもたちが死んでゆく

子どもたちの死因の多くを、白血病、癌《がん》、栄養失調が占める。経済制裁が始まって一一年以上、病院には医薬品が極端に不足し、医療機器も故障したまま放置されている。危篤の患者に注射されている点滴は、生理食塩水しかない。外国からの輸入に頼っていた医薬品は、化学兵器の材料になるからという理由で、輸入を規制されている。白血病の治療に必要な抗生剤も、ほとんど手に入らない状態だ。

ある日、バグダッドのマンスール小児病院の薬局をのぞいてみると、アンピシリン（ペニシリン系のような弱い抗生剤）が少しあるだけだった。

「これも今日の分だけです。明日は何がどれだけ手に入るのか、全くわからない。患者の治療計画すら立てられない。国連の経済制裁は、こうして罪もない国民を殺しているのです」と薬局のアル・タラ薬剤師は怒りをぶちまけていた。

国連は、一九九一〜九八年の八年間で六〇万人の子どもたちが薬や医療機器不足、栄養失調で亡くなっていると発表している。「薬も医療機器も不十分のため、日ごとに死なせてしまう患者が増えています。この病院では今、四時間に一人が亡くなっています。一九八九年の死亡率は四八時間に一人だったのに、今、死亡数は一二倍にはね上がっている。われわれ医師は辛くて仕方がない」とライド医師は訴えた。

経済制裁の輸入禁止品目の中には、消毒薬や殺虫剤

サダム教育病院の薬局の棚には薬がほとんどなかった（バスラ）

も含まれている。これも化学兵器の材料になるからという理由だ。そのため、十分殺菌されないまま一般家庭に届く水道水からは、大腸菌が検出されている。病室内はハエが飛び交い、衛生状態はきわめて悪い。その上、栄養失調の子どもは抵抗力が弱く、風邪や下痢でさえここでは直接死に結びついてしまう。前出のラムゼー・クラーク氏は、「経済制裁はイラクへのジェノサイドだ」と言っている。

バスラの病院

地上戦の行われたイラク南部。この地方最大の都市バスラ。湾岸戦争中、連日、多国籍軍の爆撃にさらされた。

イブン・ガズワン病院はバスラでは大きい病院のひとつだ。訪れた朝、「子どもがさっき亡くなった」と小児科の医者が私に言った。廊下に出ると、大きな女性の泣き声が聞こえる。薄暗い小さな病室に入ると、子ども用ベッドの上に毛布でくるまれた小さな赤ちゃんの亡骸《なきがら》があった。母親は激しく嗚咽《おえつ》している。しかし廊下を通り過ぎる患者や看護婦は足早に通り過ぎて行く。この病院では毎日の出来事なので、いちいち悲しんではいられないのだ。

同病院の産婦人科を訪ねた。ここでは、生まれてくる子どものほとんどが栄養失調だと医師たちは言った。ジュワード（生後四カ月）は三三〇〇グラムで生まれたが、母乳が出ないため二五〇〇グラムに減ってしまった。「粉ミルクを買うお金がない」と母親のソフィー・ヘディアンさん（二八）は力なく言う。

バスラは、バグダッドよりもっと状況が悪化している。保育器は故障してほとんど作動せず、いまや粗大ゴミと化している。天井のランプも切れたままで、日中でも暗い廊下や病室。トイレは汚物があふれ、消毒されない。病室にはハエが飛び交い、病原菌をまき散らしている。

「湾岸戦争の時は空襲で停電してもロウソクの灯を頼りに手術した。あのときも野戦病院のようだったが、今はもっとひどい野戦病院だ。われわれは生き残るための闘いをしているのだ」と同病院アブダル・カリーム医師（三六）は言った。

町のはずれにあるサダム教育病院には、白血病・癌《がん》の専門病棟がある。

ファラ・フセイン（二〇）は骨癌で入院していた。二年前、自宅近くで米軍の不発弾を拾って遊んでいたところ暴発し、右足を切断した。一年後、骨癌が発病し、胸部に転移してしまった。担当医のジャワード・アル・アリ医師は、「彼が遊んでいた爆弾は劣化ウラン弾だった可能性が高い。彼はあと一カ月ぐらいの命でしょう」と言った。

ファラは、バスラの近くの村ハルサに住んでいた。火力発電所のあるこの村は湾岸戦争時に激しい爆撃にさらされた。劣化ウラン弾も大量に撃ち込まれた。

二〇〇一年の暮れに同病院を訪ねたとき、ジャワード医師が調べた癌《がん》死亡者数を教えてくれた。それによると、バスラ市内で癌による死亡者数は、湾岸戦争前の一九八八年には三四人。それが一九九六年には二一九人、一九九七年には三〇三人、一九九八年には四二八人、一九九九年には四五〇人、二〇〇〇年には五八六人、二〇〇一年には六〇八人と急増し、今後どこまで増加するのか予想できないという。ちなみに、ジャワード医師本人も骨癌で治療中なのだと告げた。

◆◆◆無脳症の新生児

二〇〇一年一二月、バスラのイブン・ガズワン病院産婦人科を再び訪ねた。病院長の部屋でお茶をいただきながら、今回の取材の趣旨を話し、先天的な障害児の出産率をたずねると、この病院で毎月一〇〇〇人前後の出産があるが、そのうちの三〇例は先天的な障害児だという答えだった。

医師が撮影していた写真を見せてもらった。二〇〇一年、九月と一〇月の二カ月間に撮影したものだ。四〇枚ほどのカラー写真には、水頭症や二重胎児、無脳症など目を覆いたくなるような先天的な障害児の悲惨な姿が写されていた。

その写真を撮影後、バスラからバグダッドに戻った。ホテルに到着したのは深夜だった。翌朝、寝不足の目をこすりながら、市内の産婦人科病院を訪ねた。アル・ウィーヤ産科病院の玄関を入ると、受付前にはお腹の大きなお母さんたちが数人、診察の順番を待っていた。両手を大きなお腹の上に置いて、いすに腰掛けている若い妊婦の不安と希望の入り交じった複雑な表情が印象的だった。三年前に来たときには薄暗く、壁も汚れ、慌ただしい雰囲気があったが、今は改修されたのか、とても清潔感のある病院になっていた。

応対に出た医師に、劣化ウラン弾による影響の取材をしていることを告げると、何も答えず、まっすぐ分娩室の隣にある新生児室に連れていってくれた。ガラス張りの一〇畳ほどの部屋には、壁側に一〇個の保育器が並び、未熟児が入れられていた。

真ん中の保育器に近づいた瞬間、足が凍りついたように動かなくなり、目は保育器に吸い付けられてしまった。透明なアクリル製の保育器を通して、赤ちゃんが見える。その頭部の上半分は欠損し、脳のようなものが飛び出している。まるまると太った腕には認識テープが巻かれ、口から泡を吐き、荒い呼吸をしている。肉の塊のように見える眼球は見開かれたままなので、表面が乾いていた。緑色のシーツの上に横たわっているその赤ちゃんは、時どき全身を痙攣させる。それでも必死に生きているのだ。この母親は出産した後、病

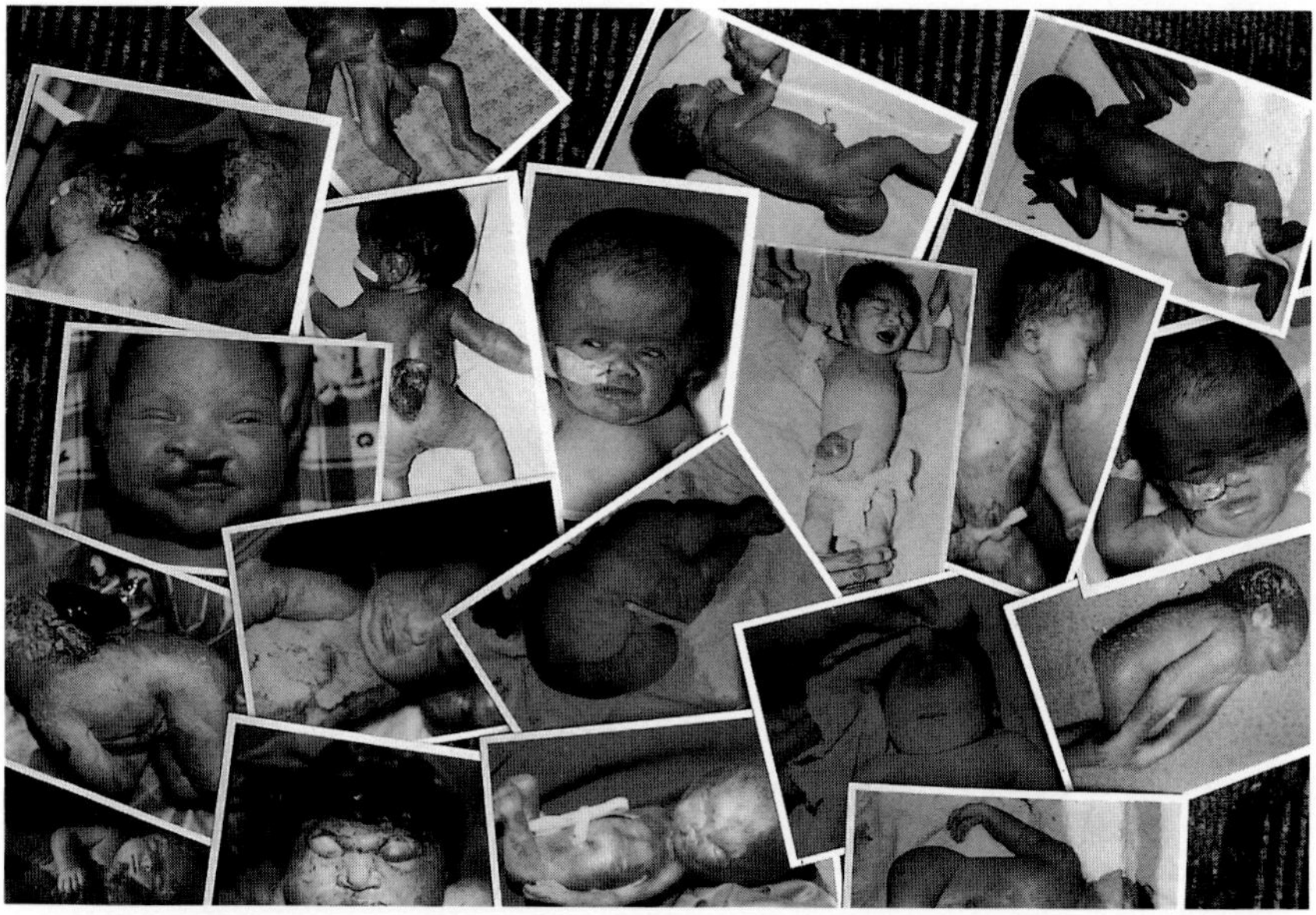

イブン・ガズワン小児病院では医師が撮影した先天的に障害をもって生まれた子どもの写真。これは最近２カ月間に生まれた子のもの。新生児の３％がこうした子だという（バスラ）

院から姿を消してしまったという。

生まれたばかりのその無脳症の赤ちゃんは、瞬《まばた》きひとつできず、撮影している私をじっと見つめたままだ。私は一瞬、シャッターを切るのをためらった。しかし医師は、「手の施しようがないの。あと三〇分も生きられない。しっかり撮ってほしい」といい、写真を資料として提供してほしいと言った。周りにいる看護婦も、次々と生まれる赤ちゃんの対応に忙しく、無脳症の赤ちゃんには関心がない。懸命に呼吸をしていた小さな命の灯はまもなく消えた。

撮影を終えて新生児室から出てくると、生まれてすぐ亡くなってしまった水頭症の赤ちゃんがいるから、撮ってくれと言う。その子の祖母と父親の弟が、布にくるまれた赤ちゃんを抱いてきた。くるまれた布を祖母が無言ではぎ取ると、顔にはすでに紫色の死斑が出ている。冷たいステンレス製のテーブルの上に寝かされた赤ちゃんは、頭が異常に大きく、一目で水頭症とわかった。祖母はあまりの悲劇に、感情が凍りついたように無表情だった。

このアル・ウィーヤ産科病院の分娩室では、ほとん

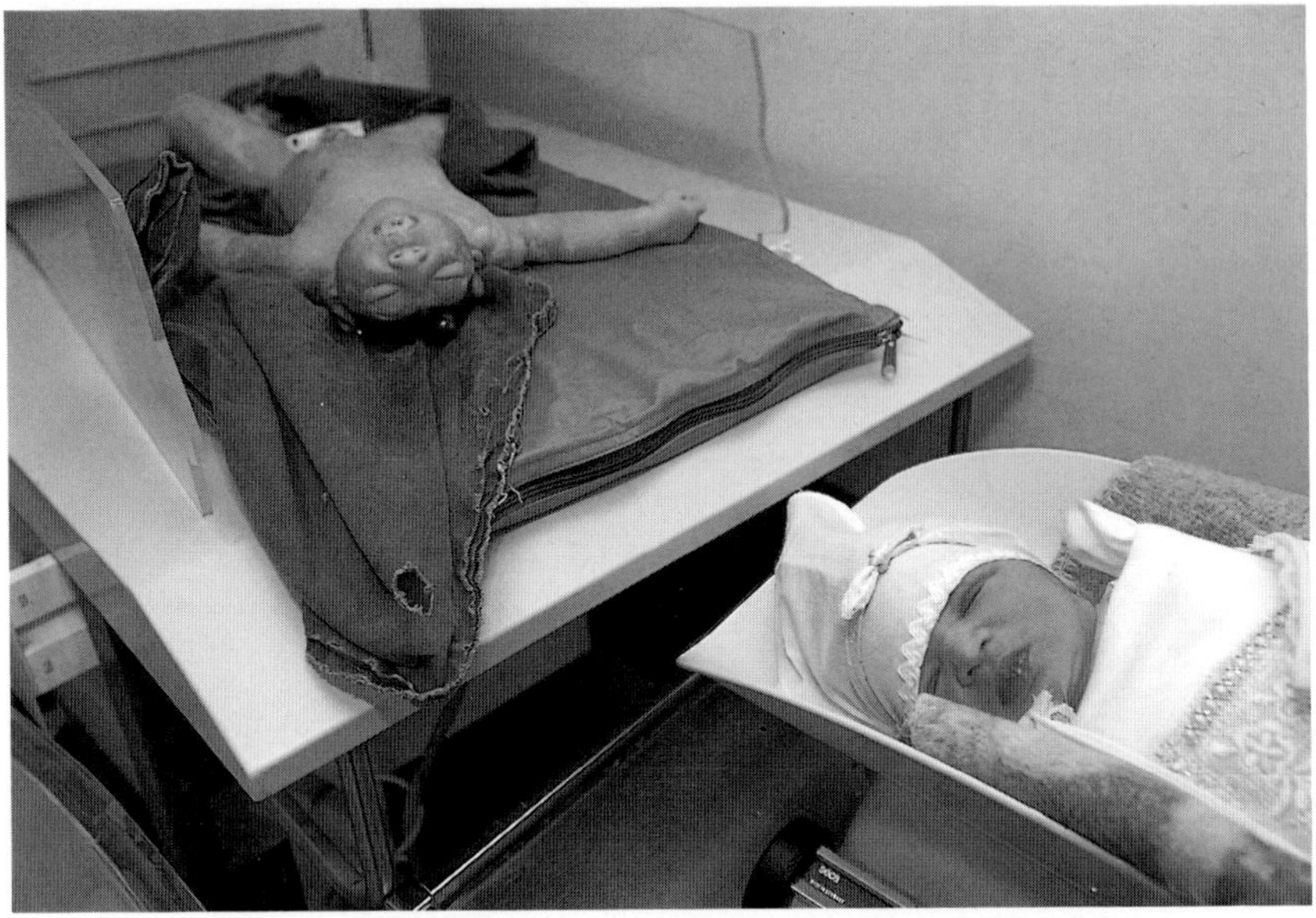

生まれたばかりの健康な赤ちゃんが体重計の上に載せられ元気な産声を上げていた。その隣には無脳症の赤ちゃんが迫り来る死と必死に闘っていた。

ど毎日、先天的な障害児が生まれている。撮影を終えて病院の外に出ると、冷たい雨が降っていた。イブラヒームのオンボロ車に乗り込むと、疲れが全身を襲った。ひたすら頭を休めたかった。だが、できるだけ情報がほしかったので、気を取り直してもう一つ産科病院を回ることにした。

次の病院は、サダム産婦人科病院。驚くことに、ここでも無脳症の赤ちゃんが生まれていた。保育器のカバーを医師が外して、「さぁ撮れ」という。懸命に生きようとしているが、医師たちは処置を施そうとしない。もう完全にあきらめているのだ。医師のサアジャさんは、「あと一時間後には死んでしまう」と言った。

懸命に死とたたかっているすぐ隣には、新生児用の体重計が置かれ、生まれたばかりの赤ちゃんがはかりの台に乗せられた。元気な泣き声が部屋中に響いた。その隣では死に瀕して懸命に生き延びようとする命がある。しかしまもなく、動きも鈍くなり、全身の色も紫色に変色し、静かになっていった。

この子を出産した母親のハムディーヤ・サーレさん(三五)は、以前にも三回の帝王切開を受けて出産し

イラクには紀元前に栄えたバビロン王国の遺跡が保存されている。これはその一つで修復されたもの。

たが、術後三人とも二、三日後に死んだ。この子の撮影に気を取られて気づかなかったのだが、体重計の反対側には、背中に瘤《こぶ》のようなものがある赤ちゃんが横向きに寝かされていた。髄膜脊髄瘤《ずいまくせきずいりゅう》と呼ばれる障害をもった赤ちゃんだった。

それでもイラクを攻撃するのか

私は一九九八年から二〇〇一年にかけて四回のイラク取材を行った。情報省の許可を取らなければ取材できないという制約があったが、市民生活や病院などは比較的自由な取材が許された。そしてそこで見たものは、白血病や癌《がん》に苦しむ子どもたちの姿であり、また先天的な障害児がたくさん生まれ、そして死んでゆく姿だった。まさに異常事態が進行しているのを、この目で確認してきた。私が見たのはイラクの一部にしかすぎないが、しかしそこで目撃し、カメラに収めたのはまぎれもない現実である。

一九八〇年代を通じてのイラク・イラン戦争、九一年の湾岸戦争、そしてそれにつづく経済制裁で、イラクの国民生活は疲弊しきっている。イラクの人々がいま最も望んでいることが〝平和〟であることは疑いを入れない。

しかし二〇〇二年初頭のいま、アメリカのブッシュ大統領一般教書の演説では、北朝鮮やイランとともにイラクを「悪の枢軸」と呼び、またもイラク攻撃をちらつかせている。

イラクの人々の暮らしの現状、とくに子どもたちの声なき叫びは、この写真でその一端を伝えた。もしこの上、さらに攻撃が加えられたら、どんな事態が起こるか、それは容易に想像できるはずである。

この写真を、世界中の心ある人たちに見てほしい、と私は願う。とりわけ、ブッシュ大統領に見てほしいと思う。この写真を見た上で、それでもなおかつ爆撃を強行するとしたら……私は言うべき言葉を知らない。

【参考図書】

『劣化ウラン弾　湾岸戦争で何が行われたか』国際行動センター・劣化ウラン教育プロジェクト、新倉修（日本評論社）

『ラムゼー・クラークの湾岸戦争』ラムゼー・クラーク著（地湧社）

『湾岸戦争』三野正洋、深川孝行、仁川正貴著（朝日ソノラマ）

『湾岸戦争　隠された真実』ピエール・サリンジャー、エリック・ローラン著（共同通信社）

『技術と人間』二〇〇一年六〜一〇月号（技術と人間）

あとがき

一九八八年から二〇〇一年末にわたる私の四回のイラク取材は、本文に書いたとおり、伊藤政子さんの協力によって始まった。伊藤さんはイラクの子どもたちに医薬品や衣料品を援助する「アラブの子どもとなかよくする会」をつくって活動をすすめてきている人である。私のイラクでの取材も、「アラブの子どもとなかよくする会」のイラク支部長をつとめているイラク人、イブラヒームの協力ですすめることができた。彼は三四歳、バクダッド工業大学を出たエンジニアである。英語が話せ、頼んだ仕事はきちんとやってくれる。とても信頼できる男だ。彼は失業中で、時どき建設関係の仕事を見つけて働いているが、私が取材に行くときには「アラブの子どもとなかよくする会」の了承を得て、通訳兼ドライバーの仕事を頼んでいる。彼の仕事ぶりは熱心で、私にとってはコーディネーター兼ガイドの役をつとめてくれる。

彼の愛車は、はじめは英国製の一九六五年型ランドローバー、次に一九七三年型トヨタクラウンに変わった。どちらも日本ではとっくにスクラップになって見ることのできない車だ。フロントガラスには幾筋もヒビが入り、ドアの窓ガラスには手製のサンがはめ込まれている。運転席のシートは布地が破れ、スプリングが時どき飛び出してくる。「バグダッドの博物館にいつ寄贈するんだ」とジョークを飛ばすほどなのだ。しかし、コンピューターでコントロールされている最近の車は故障してしまうとほとんど修理できず部品全体を交換しなければならないが、イブラヒームはほとんどの故障を自分で直してしまう。修理代に余分な金を払う余裕はないからだ。そんな車でも、乗っているうちに愛着が出てくるらしい。ラジエターの冷却水が漏れて時どき水を給水しなければならないが、そんなとき「She want to drink water」といって路肩に車を止め、ボンネットを開けるのである。

イブラヒームは、私の仕事のもっとも良き理解者だ。病院で医者にインタビューするときも、私の下手な英語でもちゃんとカバーして通訳してくれる。

そんな彼にも、大きな心配事がある。すぐ下の妹が、背中の筋肉が腐ってしまう悪性の肉芽腫に冒されているのだ。バグダッドでただ一つ放射線治療のできる病院に通わせ、化学療法を行っているが、治療費がかさんでとても大変だ。薬代は毎月二〇万イラクディナールかかる。一般庶民にはとても払えるものではない。それでも彼は、妹のために必死で治療費を稼いでいる。

多くの制約がある中で、とにもかくにも写真集をまとめることができたのは、伊藤さんやイブラヒームのおかげである。このほかにも、入国ビザの招待状を出してくれたイラク写真家協会や文化情報省、取材の相談にのってくれたナスラ・サドゥーン、アメリカからの英文の劣化ウラン弾関連の情報を知らせてくれた洋一・クラーク・島津氏、フリーのテレビディレクター・鎌仲ひとみさんなどの多くの方々のご協力をいただき、またお世話になった。心から御礼を申し上げます。

なお、今回の写真集も、前著『セミパラチンスク――草原の民・核汚染の50年』につづいて高文研から出版していただいた。前著同様、多くの方々に手にとって見ていただけることを切望している。

二〇〇二年三月五日

森住　卓

森住 卓（もりずみ・たかし）
1951年生まれ。フォトジャーナリスト。基地、環境問題等をテーマに取材活動を行ってきた。1994年より世界の核実験場の被曝者を取材。５年にわたる旧ソ連セミパラチンスク核実験場の取材で、週刊現代「ドキュメント写真大賞」を受賞。99年に出版した『セミパラチンスク』（高文研）で日本ジャーナリスト会議特別賞、平和・協同ジャーナリスト基金奨励賞を受賞。98年より湾岸戦争で米英軍がイラクで使った劣化ウラン弾による人体への影響の取材を続け、外国人ジャーナリストとして初めてイラク・クウェート国境の非武装地帯に入り、『サピオ』『週刊プレーボーイ』『FRIDAY』などに作品を発表。99年、コソボの民族紛争でNATO軍が使用した劣化ウラン弾の被害についても取材をすすめている。著書は他に『イラク・占領と核汚染』（高文研）『ウィーンフィルハーモニー管弦楽団』（読売新聞社）『核に蝕まれる地球』（岩波書店）、共著に『ドキュメント三宅島』（大月書店）『イラクからの報告』（小学館文庫）など。

イラク湾岸戦争の子どもたち
●劣化ウラン弾は何をもたらしたか

●二〇〇二年 四 月一〇日――――第一刷発行
●二〇〇六年 六 月三〇日――――第八刷発行

著 者／森住 卓
発行所／株式会社 高文研
東京都千代田区猿楽町二－一－八
三恵ビル（〒一〇一＝〇〇六四）
電話 ０３＝３２９５＝３４１５
振替 ００１６０＝６＝１８９５６
http://www.koubunken.co.jp

本文組版／高文研電算室

印刷・製本／精文堂印刷株式会社

★万一、乱丁・落丁があったときは、送料当方負担でお取りかえいたします。

ISBN4-87498-281-6 C0036